如何学好语文

叶圣陶 著

北京燕山出版社
BEIJING YANSHAN PRESS

图书在版编目（CIP）数据

如何学好语文/叶圣陶著.—北京：北京燕山出版社，2022.12
ISBN 978-7-5402-6673-8

Ⅰ.①如… Ⅱ.①叶… Ⅲ.①语文教学—教学研究 Ⅳ.①H193

中国版本图书馆CIP数据核字(2022)第180019号

如何学好语文

著　　者：叶圣陶
责任编辑：郭　悦　李瑞芳
封面设计：刘红刚
出版发行：北京燕山出版社有限公司
社　　址：北京市丰台区东铁匠营苇子坑138号嘉城商务中心C座
邮　　编：100079
电话传真：86-10-65240430
印　　刷：三河市冀华印务有限公司
开　　本：787mm×1092mm　1/16
字　　数：151千字
印　　张：15
版　　次：2022年12月第1版
印　　次：2022年12月第1次印刷
ＩＳＢＮ：978-7-5402-6673-8
定　　价：48.00元

版权所有　侵权必究

出版说明

叶圣陶（1894年10月28日—1988年2月16日），原名叶绍钧，生于江苏苏州，是我国现代著名的教育家、文学家、编辑出版家与社会活动家。

叶圣陶先生被读者所熟知，更多来源于他在文学方面的创作。他先后发表了我国第一部童话集《稻草人》和第一篇教育小说《倪焕之》。他的《稻草人》是小学生必读的课外书目，诗歌《小小的船》、散文《爬山虎的脚》等作品入选了小学语文教材。除了这些，叶圣陶在我国当代语文教育方面，也做出了举足轻重的贡献。

1911年，17岁的叶圣陶从中学毕业后成为乡镇小学教师。自此，他长久耕耘在祖国教育事业的第一线，为祖国的教育事业奉献着自己的力量。他先后在多所学校教学，并参与了教育改革、编写教科书等工作。中华人民共和国成立后，他又先后出任教育部副部长、人民教育出版社社长和总编。

在长久与教育打交道的过程中，叶圣陶逐渐形成了自己的教育思想，并把这些教育思想记录了下来。我们现在手里看到的这本书，就是来源于叶圣陶多年来积累的教育思想的精华。

叶圣陶的教育思想对中国特色现代教育理论做出了独创性、系统性的贡献，他从中国教育的实践出发，身体力行地探索中国教育改革中的实际问题，并在这个过程中总结和提炼了中国教育改革的经验理论。

虽然几十年过去，我国的教育环境已经发生了翻天覆地的改变，但叶圣陶的教育思想却历久弥新，仍然影响着当今中国的语文教育与学习，对现在的语文教育与学习仍然有很好的参考意义，教育工作者与学生对叶圣陶的作品也是爱不释手。

我们编选这本书，从语文学习方法、阅读和写作三方面入手，在文章的选择上，尽可能挑选一些偏重方法指导的文章，而非教育论。所以本书内容与中小学生的学习实际情况结合得很紧密，非常适合中小学生阅读。

最后，希望本书可以给读者带来启发，可以帮助中小学生更好地学习语文，从而更好地推动中国语文教育的发展。

目 录

001 专题一
语文及其学习方法

中学语文学习法 / 002
中学生的国文程度低落吗？ / 017
对于国文教育的两个基本观念 / 021
略谈学习国文 / 030
养成两种好习惯 / 034
认真地努力地把语文学好 / 037
改变字风 / 041
说话训练绝不该疏忽 / 046
认真学习语文 / 051

063 专题二
阅读什么及怎么阅读

读书的态度 / 064
给予学生阅读的自由 / 066
要认真阅读 / 068
精读的指导 / 073
略读的指导 / 089
读些什么书 / 108

读《经典常谈》 / 111

书·读书 / 117

答来问——关于"学习国文应该读些什么书"的问题 / 120

阅读是写作的基础 / 124

129 专题三
写作的秘诀与细节

写作杂话 / 130

木炭习作跟短小文字 / 147

开头与结尾 / 151

写作什么 / 163

怎样写作 / 170

写那些知道得最亲切的东西 / 177

日记与写作能力 / 179

正确的使用句读符号 / 181

谈文章的修改 / 185

习作是怎么一回事 / 189

写话 / 193

拿起笔来之前 / 198

写文章跟说话 / 205

漫谈写作 / 207

学点语法 / 220

作文的练习 / 224

作文要道 / 229

作文必须老实 / 232

专题一

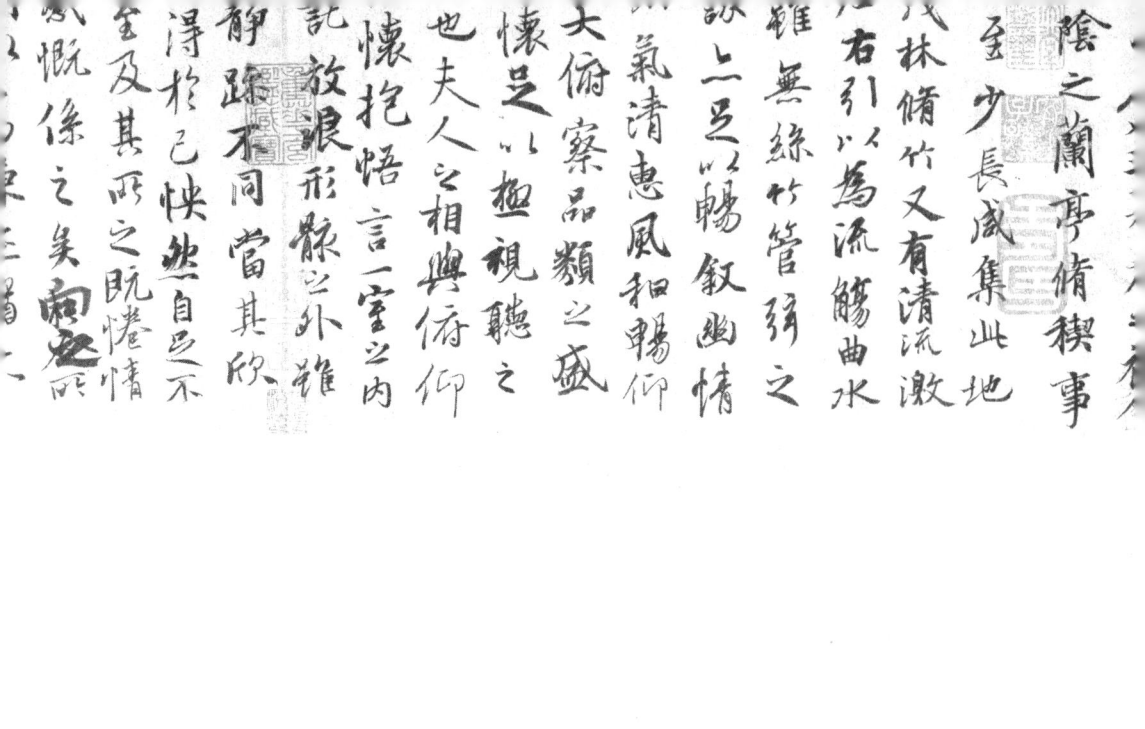

语文及其学习方法

中学语文学习法

认定目标

学习国文[①]该认定两个目标：培养阅读能力，培养写作能力。培养能力的事必须继续不断地去做，又必须随时改善学习方法，提高学习效率，才会成功。所以学习国文必须多多阅读，多多写作，并且随时要求阅读得精审，写作得适当。

在课内，阅读的是国文课本。那用意是让学生在阅读教本的当儿，培养阅读能力。凭了这一份能力，应该再阅读其他的书，以及报纸杂志等等。这才可以使阅读能力越来越强。并且，要阅读什么就能阅读什么，才是真正的受用。

在课内，写作的是老师命题作文。那用意是让学生在按题作文的当儿，培养写作能力。凭了这一份能力，应该随时动笔，写日记，写信，写笔记，写自己的种种想要写的。这才可以使写作能力越来越强。并且，

[①] 国文，即语文，是人文社会科学的一门重要学科，是人们相互交流思想的汉文及汉语工具。

要写作什么就能写作什么，才是真正的受用。

就一个高中毕业生说，阅读能力和写作能力应该达到如下的程度：

阅读方面——（一）能读日报和各种并非专门性质的杂志；（二）能看适于中学程度的各科参考书；（三）能读国人创作的以及翻译过来的各种文艺作品的一部分；（四）能读如教本里所选的欧阳修、苏轼、归有光等人所作散文那样的文言；（五）能适应需要，自己查看如《论语》《孟子》《史记》《资治通鉴》一类的书；（六）能查看《国语词典》《辞源》《辞海》一类的工具书。这里所说的"能"表示了解得到家，体会得透彻，至少要不发生错误。眼睛在纸面上跑一回马，心里不起什么作用，那是算不得"能"的。

写作方面——（一）能作十分钟的演说；（二）能写合情合理合式的书信；（三）能把自己的所见所闻所思所感记下来；（四）能写类似现社会中通用的文言信那样的文言。这里所说的"能"指表达得正确明白而言，至少也得没有语法上论理上的错误。就演说和书信说，还得没有礼貌上的错误。为什么把演说也列在写作方面？因为演说和写作是同一源头的两条水流，演说是用口的写作，写作是用笔的演说。

以上虽只是个人的意见，我自以为很切实际。一个高中毕业生能够如此，国文程度也就可以了，自己也很够受用了。至于阅读不急需的古书，如《尚书》《左传》《老子》《庄子》，写作不切用的体裁，如骈文古文旧体诗，各人有各人的自由，旁人自然不便说他不对。可是就时代观点和教育立场说，这些都是不必叫中学生操心思花功夫的。

还有文艺创作,能够着手固然好,不能够也无须强求,因为这不是人人都近情的。

靠自己的力阅读

阅读要多靠自己的力,自己能办到几分务必办到几分;不可专等老师给讲解,也不可专等老师抄给字典词典上的解释以及参考书上的文句。直到自己实在没法解决,才去请教老师或其他的人。因为阅读是自己的事,像这样专靠自己的力才能养成好习惯,培养真能力。再说,我们总有离开可以请教的人的时候,这时候阅读些什么,非专靠自己的力不可。

要靠自己的力阅读,不能不有所准备。特别划一段时期特别定一个课程来准备,不但不经济,而且很无聊。其实自己只须随时多用些心,不肯马虎,那就是为将来作了准备。譬如查字典,如果为了作准备,专看字典,从第一页开头,一页一页顺次看下去,这决非办法。只须在需要查某一字的时候看得仔细,记得清楚,以后遇到这个字就是熟朋友了,这就是作了准备。不但查字典如此,其他都如此。

应作的准备大概有以下几项:

(一)留心听人家的话。写在书上是文字,说在口里就是话。听话也是阅读,不过读的是"声音的书"。能够随时留心听话,对于阅读能力的长进大有帮助。听清楚,不误会,固然第一要紧;根据自己的经验加以衡量，人家的话正确不正确，有没有罅漏，也是必要的事。不然只是被动地听，那是很有流弊的。至于人家用词的选择，语调的特点，表现方法的优劣，也须加以考虑。他有长处，好在哪里？他有短处，坏在哪里？这些都得解答，对于阅读极有用处。

（二）留心查字典。一个字往往有几个意义，有些字还有几个读音。翻开字典一看，随便取一个读音一个意义就算解决，那实在是没有学会查字典。必须就读物里那个字的上下文通看，再把字典里那个字的释文来对勘，然后确定那个字何音何义。这是第一步。其次，字典里往往有些例句，自己也可以找一些用着那个字的例句，许多例句聚在一块儿，那个字的用法（就是通行这么用）以及限制（就是不通行那么用）可以看出来了。如果能找近似而不一样的字两相比较，辨明彼此的区别在哪里，应用上有什么不同，那自然更好了。

（三）留心查词典。一个词也往往有几个意义，认真查词典，这与前一节说的一样。那个词若是有关历史的，最好根据自己的历史知识，把那个时代的事迹想一回。那个词若是个地名，最好把地图翻开来辨认一下。那个词若是涉及生物理化等科的，最好把自己的生物理化的知识温习一遍，词典里说的或许很简略，就查各科的书把它考究个明白。那个词若是来自某书某文的典故或是有关某时某人的成语，如果方便，最好把某书某文以及记载某时某人的话的原书找来看看。那个词若是一种制度的名称，一个专用在某种场合的术语，词典里说的或许很简略，如果方便，最好找些相当的书来考究个详细。以上说的无非要真个弄明白，不容含糊了事。而且，这样将词典作钥匙，随时翻检，阅读的范围就扩大了，阅读参考书的习惯也可以养成了。

（四）留心看参考书。参考书范围很广，性质不一，未可一概而论。可是也有可以说的。一种参考书未必需要全部看完，但是既然与它接触了，它的体例总得弄清楚。目录该通体一看，书上的序文，人家批评这书的文章，也该阅读。这样，多接触一种参考书就如多结识一个朋友，以后需要的时候，还可以向他讨教，与他商量。还有，参考书未必全由自己购备，往往要往图书馆借看。那么，图书分类法是必要的知识。某个图书馆用的什么分类法，其中卡片怎样安排，某一种书该在哪一类里找，必须认清搞熟，检查起来才方便。此外如各家书店的特点以及它们的目录，如果认得清，取得到，对于搜求参考书也有不少便利。

以上说的准备也可以换成"积蓄"两个字。积蓄得越多，阅读能力越强。阅读不仅是中学生的事，出了学校仍需阅读。人生一辈子阅读，其实是一辈子在积蓄中，同时一辈子在长进中。

阅读举要

如果经常作前面说的那些准备，阅读就不是什么难事。阅读时候的心情也得自己调摄，务须起劲，愉快。认为阅读好像还债务，那一定读不好。要保持着这么一种心情，好像腹中有些饥饿的人面对着甘美膳食的时候似的，才会有好成绩。

　　阅读总得"读"。出声念诵固然是读，不出声默诵也是读，乃至口腔喉舌绝不运动，只用眼睛在纸面上巡行，如古人所谓"目治"，也是读。无论怎样读，起初该用论理的读法，把文句中一个个词切断，读出它们彼此之间的关系来。又按各句各节的意义，读出它们彼此之间的关系来。这样读了，就好比听作者当面说一番话，大体总能听明白。最忌的是不能分解，不问关系，糊里糊涂读下去——这样读三五遍，也许还是一片朦胧。

　　读过一节停一停，回转去想一下这一节说的什么，这是个好办法。读过两节三节，又把两节三节连起来回想一下。这个办法可以使自己经常清楚，并且容易记住。

　　回想的时候，最好自己多多设问。文中讲的若是道理，问问是怎样的道理？用什么方法论证这个道理？文中讲的若是人物，问问是怎样的人物？用怎样的笔墨表现这个人物？有些国文读本在课文后面提出这一类的问题，就是帮助读者回想的。一般的书籍报刊当然没有这一类的问题，唯有读者自己来提出。

　　读一遍未必够，而且大多是不够的，于是读第二遍第三遍。读过几遍之后，若还有若干地方不明白不了解，就得做翻查参考的功夫。这在前面已经说过了，关于翻查字典词典，以及阅读参考书，这儿不再重复。

　　总之，阅读以了解所读的文章书籍为起码标准。所谓了解，就是明白作者的意思情感，不误会，不缺漏，作者表达些什么，就完全领会他那什么，必须做到这一步，才可以进一步加以批评，说他说得对不对，合情理不合情理，值不值得同情或接受。

在阅读的时候，标记全篇或者全书的主要部分，有力部分，表现最好的部分，这可以帮助了解，值得采用。标记或画铅笔线，或做别种符号，都一样。随后依据这些符号，可以总结全部的要旨，可以认清全部的警句，可以辨明值得反复玩味的部分。

说理的文章大概只需论理地读，叙事叙情的文章最好还要"美读"。所谓美读，就是把作者的情感在读的时候传达出来。这无非如孟子所说的"以意逆志"，设身处地，激昂处还他个激昂，委婉处还他个委婉，诸如此类。美读的方法，所读的若是白话文，就如戏剧演员读台词那个样子。所读的若是文言，就用各地读文言的传统读法，务期尽情发挥作者当时的情感。美读得其法，不但了解作者说些什么，而且与作者的心灵相感通了，无论兴味方面或受用方面都有莫大的收获。

读要不要读熟？这看自己的兴趣和读物的种类而定。心爱某篇文字，自然乐于读熟。对于某书中的某几段文字感觉兴趣，也不妨读熟。读熟了，不待翻书也可以随时温习，得到新的领会，这是很大的乐趣。

学习文言，必须熟读若干篇。勉强记住不算熟，要能自己成诵才行。因为文言是另一种语言，不是现代口头运用的语言，文言的法则固然可以从分析比较而理解，可是要养成熟极如流的看文言的习惯，非先熟读若干篇文言不可。

阅读当然越快越好，可以经济时间，但是得以了解为先决条件。

糊里糊涂读得快，不如通体了解而读得慢。练习的步骤该是先求其无不了解，然后求其尽量地快。出声读须运动口腔喉舌，总比默读仅用"目治"来得慢些。为阅读多数书籍报刊的便利起见，该多多练习"目治"。

阅读之后该是作笔记了，如果需要记什么的话。关于作笔记，在后面谈写作的时候说。

最要紧的，阅读不是没事做闲消遣，无非要从他人的经验中取其正确无误的，于我有用的，借以扩充我的知识，加多我的经验，增强我的能力。就是读文艺作品如诗歌小说等，也不是没事做闲消遣。好的文艺作品中总含有一种人生见解和社会观察，这对于我的立身处世都有极大的关系。

写作须知

写作必须把它看成一件寻常事，好比说话一样。但是又必须把它看成一件认真事，好比说话一样。

写作绝不是无中生有。必须有了意思才动手写作，有了需要才动手写作。没意思，没需要，硬找些话写出来，这会养成不良的写作习惯，而且影响到思想方面。

写作和说话虽说同样是发表，可也有不同处。写作一定有个中心，写一张最简单的便条，写一篇千万字的论文，同样得有个中心，不像随便谈话那样可以东拉西扯，前后无照应。写作又得比说话正确些，齐整些，干净些。说话固然也不宜错误拖沓，可是听的人就在对面，不明白可以当面问，不心服可以当面驳，嫌啰唆也可以说别太啰唆了。写了下来，看的人可不在对面，如果其中有不周到不妥帖处，就将使他人不明白，不心服，不愉快，岂不违反了写作的本意？所以写作得比说话正确些，齐整些，干净些。

写作的中心问自己就知道。写一张便条，只要问为什么写这张便条，那答案就是中心；写一篇论文，只要问我的主要意思是什么，那答案就是中心。

所有材料（就是要说的事物或意思）该向中心集中，用得着的毫无遗漏，用不着的淘汰净尽。当然，用得着用不着只能以自己的知识能力为标准。按标准把材料审查一下总比不审查好，不审查往往会发生遗漏了什么或多余了什么的毛病。

还有一点，写作不仅是拿起笔来写在纸上那一段时间内的事情。如前面所说，意思的发生，需要的提出，都在动笔之前。认定中心，审查材料，也在动笔之前。提起笔来写在纸上，不过完成这工作的一段步骤罢了。有些人认为写作的工作在提起笔来的时候才开始，这显然是错误的。如果如此，写作就成为一种无需要、无目的，可做可不做的事了。

写作完毕之后，或需修改，或不需修改。不改，是自以为一切都写对了，没有什么遗憾了。至于修改，通常说由于自己觉得文字不好。说得确切一点，该是由于自己觉得还没有写透那意思，适合那需要。于是再来想一通，把材料增减一些，调动一些，把语句增减一些，变换一些，这就是修改。

练习写作，如果是课内作文，也得像前面所说的办。题目虽然是老师临时出的，可是学生写的意思要是平时有的，所需的材料又要是找得到的，不然就是无中生有的勾当了。（老师若出些超出学生能力范围的题目，学生只好交白卷，但是不必闹风潮。）练习是练习有意思有材料就写，而且写得像样，不是练习无中生有。

无论应用的或练习的写作，以写得像样为目标。记事物记清楚了，说道理说明白了，没有语法上的毛病了，没有论理上的毛病了，这就是像样。至于写得好，那是可遇而不可求的。经验积聚得多，情感蕴蓄得深，思想钻研得精，才可以写成好文章。换句话说，好文章是深度生活的产品，生活的深度不够，是勉强不来的。希求生活渐进于深度，虽也是人生当然之事，可是超出了国文学习的范围了。

要写得像样，除了审查材料以外，还得在语言文字上用心，这才可以表达出那选定的材料，不至于走样。所谓在语言文字上用心，实际也是极容易的事，试列举若干项。

（一）所用的词要熟习的，懂得它的意义和用法的。似懂非懂的词宁可不用，换一个熟习的来用。

（二）就一个句子说，那说法要通行的，也就是人家会这么说，常常这么说的。一句话固然可以有几样说法，作者有自由挑选那最相宜的使用，可是绝不能独造一种教人家莫名其妙的说法。

（三）就一节一段说，前后要连贯，第二句接得上第一句，第三句接得上第二句。必须注意连词的运用，语气的承接，观点的转换不转换。一个"所以"、一个"然而"都不可随便乱用。陈述、判断、反诘、疑问等的语气都不可有一点儿含糊。观点如需转换，不可不特别点明。

（四）如果用比喻，要问所用的比喻是否恰当明白。用不好的比喻还不如不用比喻。

（五）如果说些夸张话，要问那夸张话是否必要。不必要的夸张不只是语言文字上的毛病，也是思想上修养上的毛病。

（六）不要用一些套语滥调如"时代的巨轮""紧张的心弦"之类。这些词语第一个人用来见得新鲜，大家都用就只有讨厌。

（七）运用成语以不改原样为原则，如"削足适履"不宜作"削足凑鞋"，"怒发冲冠"不宜作"怒发把帽子都顶起来了"。

（八）用标点符号必须要审慎。宜多用句号，把一句句话交代清楚。宜少用感叹号，如"以为很好""他怕极了"都不是感叹语气，用不着感叹号。用问号也得想一想。询问和反诘的语气才用问号，并不是含有疑问词的语句都要用问号。如"他不知道该怎么做""我问他老张哪一天到的"都不是问句，用不着问号。

写作举要

练习写作，最好从记叙文入手。记叙文的材料是现成的，作者只须加上安排取舍的功夫，容易上手。

议论文也不是不必练习，但是所说的道理或意见必须明白透彻，最忌把不甚了了的道理或意见乱说一阵。因此，练习议论文该从切近自身的话题入手，如学习心得和见闻随感之类。

应用文如书信、如读书报告，往往兼包记叙和议论。写作这类东西，一方面固然应用，一方面也是练习。所以也得认真地写，多一回认真的练习，就多一分长进。

以下略说写作各类东西的大要：

（一）记物的文字须把那东西的要点记明。譬如记一幅图画，画的什么就是要点，必须记明。也许画面上东西很多，而以某一件东西为主，这某一件东西必须说明。

（二）叙事的文字须把那事件的始末和经过叙明。譬如叙一个文艺晚会，晚会的用意和开会的过程必须叙明。也许会中节目很多，几个重要的节目必须详叙，其余节目只说几句简单的话带过。

（三）书信须把自己要向对方说的话说清楚。不清楚，失了写信的作用，重复啰唆，容易混淆对方的心思，都不能算写得适当。书信又须注意程式。程式不是客套，程式之中实在包含着情分和礼貌。不注意程式，在情分上礼貌上若有欠缺，就将使对方不快，这也违反写信的初意。

（四）日记最好能够天天写，对修养有好处，对写作也有好处。刻板式的日记比较没有意义。一天里头总有些比较新鲜的知识见闻和想头，就把那些记下来。

（五）读书笔记不只是把老师写在黑板上的注解表格等抄上去，也不只是把一些书本上的美妙紧要的文句抄上去。除了这些，还有应该记的，如翻了几种书，就可以把参照比较的结果记录下来。读了一篇文章一部书，自己有些想头，或属怀疑，或属阐发，或属欣赏，都可以记录下来。

（六）给壁报揭载的或投寄报纸杂志的文章与其他文章一样，也应该以写自己熟知的了解的东西为主。可是有点不同，这类文章是特地写给他人看的，写的时候，心目中就须顾到读者。既然顾到读者，人人知道的事物和道理就不必写。至于自己还没有弄清楚的大问题大道理，那非但不必写，简直不容写，写出来就是欺人，欺人是最要不得的。

写字

末了儿还得说一说写字。一般人只须讲求实用的写字，不必以练成书法家为目标。实用的写字，除了首先求其正确之外，还须求其清楚匀整，放在眼前觉得舒服，至少也须不觉得难看。

临碑帖，一般人没有这么多闲功夫。只须逢写字不马虎，就是练习。写字是手的技能，随时留意，自然会做到心手相应的地步。

目前写字的工具不只毛笔，钢笔铅笔也常用，也许用得更多。无论用什么笔写，全都得不马虎，才可以养成好习惯。

就字体而论，一般人只须注意真书、行书两种。行书写起来比真书快，所以应用更广。行书是真书的简化，基本还是真书。真书写得像样，行书就不会太差。

真书求其清楚匀整，大略有如下几点可以说的：

（一）笔笔交代清楚，横是横，撇是撇，一点不含糊。

（二）横平竖直，不要歪斜，这就端正了。

（三）就一个字而言，各笔的距离务须匀称，不太宽也不太挤。这须相度各个字的形状。偏旁占一半还是三分之一，头和底各占几分之几，中心又是哪一笔，相度清楚，然后照此落笔。距离匀称，不宽不挤，看在眼里就舒服。

（四）就一行的字而言，须求其上下连贯，无形中好像有一条直线穿着似的。还须认定各个字的中线，把中线放在一直线上。中线或是一竖，如"中"字"草"字，或是虚处，如"非"字"井"字，很容易辨明。

（五）就若干行的字而言，须求两行之间有一条空隙。次行的字的笔画触着前行的字的笔画固然不好看，就是几乎要触着也不好看。

（六）写一长篇的字须要前后如一。如果开头端端整整，到后来潦潦草草，这就通篇不一致，说不上匀整了。

如果有功夫练习实用的写字，可以按字的形体分类练习，如挑选若干木旁字来写，又挑选若干雨头字来写。木旁雨头的字是比较容易的。比较烦难的尤宜如此，如心底的字，从辶的字。手写之外，宜乎多看，看人家怎样把这些字写得合适。看与写并行，心与手并用，自然会逐渐有进步。

原题《中学各科学习法·国文》
1948 年 7 月发表

中学生的国文程度低落吗？

　　对于中学生国文程度的低落，久已有人叹息的了，直到现在也并未衰歇。究竟低落到什么情形？从前中学生的国文程度怎样，现在又怎样？低落的现象是普遍的还是特殊的？其原因又何在？对于这些，似乎还少有人作过精密的研究，给过仔细的说明。我们只听见带着感伤意味的一声声，"唉，现在中学生的国文程度太不行了！""啊，国文程度低落到这样，还了得！"

　　国文这一科，比较动物、植物、物理、化学那些科，性质含混得多。有些人认为国文这一科并没有什么内容，只是阅读和写作的训练而已。但是有些人却以为国文科简直无所不包，大至养成民族精神，小至写一个借东西的便条，都得由国文科负责。在这两个极端之间，还有种种的看法，各不相同的认识。如果一百位国文教师聚在一起，请他们各就自己的见解，谈谈国文科究竟是什么性质，纵使不至于有一百个说法，五十种不同的见解大概是有的。对于动物、植物、物理、化学那些科目，就绝不会有这样的情形。

由于对国文科的认识不同，大家所认为程度的"行""不行"也就不一致。主张博闻强记的人见学生回答不出"四书""五经"是哪几部书就说"不行"，但是有些人却说这没有关系，学生只要到图书室里取一本《辞源》来一查就知道了。欢喜叮叮当当那一套的人见某君所作的《礼义廉耻国之四维论》就说"行"，挑选这本卷子列在第一名，但是记者却说这一篇不过通顺而已，并没有说出自己的东西来。照此说来，"行""不行"实在还没有公认的标准。在一部分人叹息着说"中学生的国文程度太不行了"的今日，当然有另一部分人在那里说"中学生的国文程度并不低落"，这是可想而知的。

有一点可以注意的，就是叹息着说"不行"的人似乎都不很顾到学生的阅读能力方面，而只偏重在写作能力方面。无论对于国文科的性质的认识如何，阅读总是国文科的一个重要项目，要判别"行""不行"总得在这个项目上打个分数，而他们往往放过了，只在写作这个项目上着眼。叫学生作《秦皇汉武合论》，论不出，当然"不行"，叫学生作《说新生活运动的意义》，说得牛头不对马嘴，也"不行"，叫学生模仿欧阳修的《醉翁亭记》作《校园记》，限用文言，交上来满纸"也"字，不当"也"而"也"，尤其"不行"：于是学生写作能力的低落成为客观的事实。这在学生方面必然也自认"不行"的，可是要"行"简直没有办法，正合苏州人的一句话，"石子里逼不出油来。"

还有一点可以注意的，就是叹息着说"不行"的人往往把责任完全推在学生身上，仿佛现今一班青年的脑子生来就异样，特别不适宜于写作，却把从前读书人十年窗下，连便条都写不成一张的先例忘掉了。其实，如果假定现今的中学生写作能力的确"不行"，那么他们吃亏之处就在受了跟从前读书人同样的训练。我们知道，除了少数学校指定阅读课外书籍以外，大多数学校里就只读多少篇选文。选文都是所谓文学作品或者是满纸大道理的经世名文，那些作者的本领，在学生自然是不会有的，这就使学生渐渐觉得写作并非容易的事，甚而至于忘了写一张便条也是写作。

然而时代究竟不同了，从前读书人可以关在书房里，终身不写一张便条，现今青年的生活却繁复得多，对于写一张便条那样切身的事，虽然受不到什么训练，也会自己努力，设法应付。记者这个话不是凭空说的，记者编辑本志，有幸读到各地中学生投来的文篇，大凡题目类乎课艺式的，往往是些陈词滥调，而写亲历的经验跟实有的感想的，虽然不见得怎样纯粹，但是一篇里总有若干部分是出色的，如刊载在《青年论坛》跟《青年文艺》两栏里的就是。如果叫这些作者作另外一类题目，说不定也会得到"不行"的考语。从这一点推想，前途的光明似乎并不微弱，所以记者不是"不行""不行"的悲观论者。

记者写出这个感想来的意思，在引起贤明的国文教师以及中学生诸君的注意，我们应当把国文程度低落的叹息看作一个课题，精密地仔细地加以考核，徒然叹息是没有意义的，听人家叹息而不给肯定或者否定也是不足为训的。贤明的国文教师对于国文教学如果有什么意见或者感想，中学生诸君对于国文一科如果有什么困难或者希求，大家提出来共同讨论，才可以解决低落不低落的问题，才可以进一步提高中学生诸君的国文程度。本志愿意把充分的篇幅用来刊载关于这个问题的文篇。

1934 年 11 月 1 日发表

对于国文教育的两个基本观念

我们当国文教师，必须具有两个基本观念。我作这么想，差不多延续了二十年了。最近机缘凑合，重理旧业，又教了两年半的国文，除了同事诸君以外，还接触了许多位大中学的国文教师。觉得我们的同行具有那两个基本观念的诚然有，而认识完全异趣的也不在少数。现在想说明我的意见，就正于同行诸君。

请容我先指明那两个基本观念是什么。第一，国文是语文学科，在教学的时候，内容方面固然不容忽视，而方法方面尤其应当注重。第二，国文的涵义与文学不同，它比文学宽广得多，所以教学国文并不等于教学文学。

如果国文教学纯粹是阅读与写作的训练，不含有其他意义，那么，任何书籍与文篇，不问它是有益或者有损于青年的，都可以拿来作阅读的材料与写作的示例。它写得好，摄取它的长处，写得不好，发现它的短处，对于阅读能力与写作能力的增进都是有帮助的。可是，国文是各种学科中的一个学科，各种学科又像轮辐一样辏合于一个教育的轴心，所以国文教学除了技术的训练而外，更需含有教育的意义。说到教育的意义，就牵涉到内容问题了。国文课程标准规定了教材的标准，书籍与文篇的内容必须合于这些个标准，才配拿来作阅读的材料与写作的示例。此外，笃信固有道德的，爱把圣贤之书教学生诵读，关切我国现状的，爱把抗战文章作为补充教材，都是重视内容也就是重视教育意义的例子了。这是应当的，无可非议的。不过重视内容，假如超过了相当的限度，以为国文教学的目标只在灌输固有道德，激发抗战意识，等等。而竟忘了语文教学特有的任务，那就很有可议之处了。

　　道德必须求其能够见诸践履，意识必须求其能够化为行动。要达到这样地步，仅仅读一些书籍与文篇是不够的。必须有关各种学科都注重这方面，学科以外的一切训练也注重这方面，然后有实效可言。国文诚然是这方面的有关学科，却不是独当其任的唯一学科。所以，国文教学，选材能够不忽略教育意义，也就足够了，把精神训练的一切责任都担在自己肩膀上，实在是不必的。

　　国文教学自有它独当其任的任，那就是阅读与写作的训练。学生眼前要阅读，要写作，至于将来，一辈子要阅读，要写作。这种技术的训练，他科教学是不负责任的，全在国文教学的肩膀上。所谓训练，当然不只是教学生拿起书来读，提起笔来写，就算了事。第一，必须讲求方法。怎样阅读才可以明白通晓，摄其精英，怎样写作才可以清楚畅达，表其情意，都得让学生们心知其故。第二都是习惯方面的事情，仅仅心知其故，而习惯没有养成，还是不济事的。国文教学的成功与否，就看以上两点。所以我在前面说，方法方面尤其应当注重。

现在四五十岁的人大都知道从前书塾的情形。从前书塾里的先生很有些注重方法的。他们给学生讲书，用恰当的方言解释与辨别那些难以弄明白的虚字。他们教学生阅读，让学生点读那些没有句读的书籍与报纸论文。他们为学生改文，单就原意增删，并且反复详尽地讲明为什么增删。遇到这样的先生，学生是有福的，修一年学，就得到一年应得的成绩。然而大多数书塾的先生却是不注重方法的，他们只教学生读，读，读，作，作，作，讲解仅及字面、改笔无异自作，他们等待着一个奇迹的出现——学生自己一旦豁然贯通。奇迹自然是难得出现的。所以，在书塾里坐了多年，走出来还是一窍不通，这样的人着实不少。假如先生都能够注重方法，请想一想，从前书塾不像如今学校有许多学科，教学的只是一科国文，学生花了多年的时间专习一种学科，何至于一窍不通呢？再说如今学校，学科不止一种了，学生学习国文的时间占从前的十分之二三，如果仍旧想等待奇迹，其绝无希望是当然的。换过来说，如今学习时间既已减少，而应得的成绩又非得到不可，唯有特别注重方法，才会收到事半功倍的效果。多读多作固属重要，但是尤其重要的是怎样读，怎样写。对于这个"怎样"，如果不能切实解答，就算不得注重了方法。

现在一说到学生国文程度，其意等于说学生写作程度。至于与写作程度同等重要的阅读程度往往是忽视了的。因此，学生阅读程度提高了或是降低了的话也就没听人提起过。这不是没有理由的，写作程度有迹象可循，而阅读程度比较难捉摸，有迹象可循的被注意了，比较难捉摸的被忽视了，原是很自然的事情。然而阅读是吸收，写作是倾吐，倾吐能否合于法度，显然与吸收有密切的关系。单说写作程度如何如何是没有根的，要有根，就得追问那比较难捉摸的阅读程度。最近朱自清先生在《国文月刊》创刊号发表一篇《中学生的国文程度》，他说中学生写不通应用的文言，大概有四种情形。第一是字义不明，因此用字不确切，或犯重复的毛病。第二是成语错误。第三是句式不熟，虚字不通也算在这类里。第四是体例不当，也就是不合口气。他又说一般中学生白话的写作，比起他们的文言来，确是好得多。可是就白话论白话，他们也还脱不掉技术拙劣，思路不清的考语。朱先生这番话明明说的写作程度不够，但是也正说明了所以会有这些情形，都由于阅读程度不够。阅读程度不够的原因，阅读太少是一个，阅读不得法尤其是重要的一个。对于"体会""体察""体谅""体贴""体验"似的一组意义相近的词，字典翻过了，讲解听过了，若不能辨别每一个的确切意义并且熟悉它的用法，还算不得阅读得其法。"汗牛充栋"为什么不可以说成"汗马充屋"？"举一反三"为什么不可以说成"举二反二"？仅仅了解它们的意义而不能说明为什么不可以改换，阅读方法也还没有到家。"与其"之后该来一个"宁"，"犹"或"尚"之后该接上一个"况"，仅仅记住这些，而不辨"与其"的半句是所舍义，"宁"的半句才是所取义，"犹"或"尚"的半句是旁敲侧击，"况"的半句才是正面文章，那也是阅读方法的疏漏。"良深哀痛"是致悼语，"殊堪嘉尚"是奖勉语，但是，以人子的身份，当父母之丧说"良深哀痛"，以学生的身份，对抗战取胜的将领说"殊堪嘉尚"，那一定是阅读时候欠缺了揣摩体会的功夫。以上只就朱先生所举四种情形，举例来说。依这些例子看，已经可以知道阅读方法不仅是机械地解释字义，记诵文句，研究文法修辞的法则，最紧要的还在于多比较，多归纳，多揣摩，多体会，一字一语都不轻轻放过，务必发现它的特性。唯有这样阅读，才能够发掘文章的蕴蓄，没有一点含糊。也唯有这样阅读，才能够养成用字造语的好习惯，下笔不至有误失。

　　阅读方法又因阅读材料而不同。就分量说，单篇与整部的书应当有异，单篇宜作精细的剖析，整部的书却在得其大概。就文体说，记叙文与论说文也不一样，记叙文在看作者支配描绘的手段，论说文却在阐明作者推论的途径。同是记叙文，一篇属于文艺的小说与一篇普通的记叙文又该用不同的眼光，小说是常常需要辨认那文字以外的意味的。就文章种类说，文言与白话也不宜用同一态度对付，文言——尤其是秦汉以前的——最先应注意那些虚字，必需体会它们所表的关系与所传的神情，用今语来比较与印证，才会透彻地了解。多方面地讲求阅读方法也就是多方面地养成写作习惯。习惯渐渐养成，技术拙劣与思路不清的毛病自然渐渐减少，一直减到没有。所以说阅读与写作是一贯的，阅读得其法，阅读程度提高写作程度没有不提高的。所谓得其法，并不在规律地作训诂学、文法学、修辞学与文章学的研究，那是专门之业，不是中学生所该担负的。可是，那些学问的大意不可不明晓，那些学问的治学态度不可不抱持，明晓与抱持又必须使他成为终身以之的习惯才行。

　　以下说关于第二个基本观念的话。五四运动以前，国文教材是经史古文，显然因为经史古文是文学。在一些学校里，这种情形延续到如今，专读《古文辞类纂》或者《经史百家杂抄》便是证据。"五四"以后，通行读白话了，教材是当时产生的一些白话的小说、戏剧、小品、诗歌之类，也就是所谓文学。除了这些，还有什么可以阅读的呢？这样想的人仿佛不少。就偏重文学这一点说，以上两派是一路的，都以为国文教学是文学教学，其实国文所包的范围很宽广，文学只是其中一个较小的范围，文学之外，同样包在国文的大范围里头的还有非文学的文章，就是普通文。这包括书信、宣言、报告书、说明书等应用文，以及平正地写状一件东西载录一件事情的记叙文，条畅地阐明一个原理发挥一个意见的论说文。中学生要应付生活，阅读与写作的训练就不能不在文学之外，同时以这种普通文为对象。若偏重了文学，他们看报纸、杂志与各科课本、参考书，就觉得是另外一回事，要好的只得自辟途径，去发现那阅读的方法，不要好的就不免马虎过去，因而减少了吸收的分量。再就写作方面说，流弊更显而易见。主张教学生专读经史古文的，原不望学生写什么文学，他们只望学生写通普通的文言，这是事实。但是正因所读的纯是文学，质料不容易消化，技术不容易仿效，所以学生很难写通普通的文言。如今中学生文言的写作程度低落，我以为也可以从这一点来解释。如果让他们多读一些非文学的普通文言，我想文言的写作或许会好些。很有些人，在书塾里熟读了"四书""五经"，笔下还是不通，偷空看了《三国演义》或者《饮冰室文集》，却居然通了，这可以作为佐证。至于白话的写作，国文教师大概有这样的经验，只要教学生自由写作，他们交来的往往是一篇类似小说的东西或是一首新体诗。我曾经接到过几个学生的白话信，景物的描绘与心情的抒写全像小说，却与写信的目的全不相干。还有，现在爱写白话的学生多数喜欢高谈文学，他们不管文章的体裁与理法，他们不知道日常应用的不是文学而是普通文。认识尤其错误的，竟以为只要写下白话就是写了文学。以上种种流弊，显然从专读白话文学而忽略了白话的普通文生出来的，如果让他们多读一些非文学的普通白话，我想用白话来状物，记事，表情，达意，该会各如其分，不至于一味不相称地袭用白话文学的格调吧。

学习图画，先要描写耳目手足的石膏像，叫作基本练习。学习阅读与写作，从普通文入手，意思正相同。普通文易于剖析、理解，也易于仿效，从此立定基本，才可以进一步学习文学。文学当然不是在普通文以外别有什么方法，但是方法的应用繁复得多，变化得多。不先作基本练习而径与接触，就不免迷离惝恍。我也知道有所谓"取法乎上，仅得其中"的说法，而且知道古今专习文学而有很深的造诣的不乏其人。可是我料想古今专习文学而碰壁的，就是说一辈子读不通写不好的，一定更多。少数人有了很深的造诣，多数人只落得一辈子读不通写不好，这不是现代教育所许可的。从现代教育的观点说，人人要作基本练习，而且必须练习得到家。说明白点，就是对于普通文字的阅读与写作，人人要得到应得的成绩，绝不容有一个人读不通写不好。这个目标应该在中学阶段达到，到了大学阶段，学生不必再在普通文的阅读与写作上费功夫了——现在大学里有一年级国文，只是一时补救的办法，不是不可变更的原则。

至于经史古文与现代文学的专习，那是大学本国文学系的事情，旁的系就没有必要，中学当然更没有必要。我不是说中学生不必读经史古文与现代文学，我只是说中学生不该专习那些。从教育意义说，要使中学生了解固有文化，就得教他们读经史古文。现代人生与固有文化同样重要，要使中学生了解现代人生，就教他们读现代文学。但是应该选取那些切要的，浅易的，易于消化的，不宜兼收并包，泛滥无归。譬如，老子的思想在我国很重要，可是，《老子》的文章至今还有人作训释考证的功夫而没有定论，若读《老子》原文，势必先听取那些训释家考证家的意见，这不是中学生所能担负的。如果有这么一篇普通文字，正确扼要地说明老子的思想，中学生读了也就可以了解老子了，正不必读《老子》原文。又如，历来文家论文之作里头，往往提到神理、气味、格律、声色的话，这些是研究我国文学批评的重要材料，但是放在中学生面前就不免徒乱人意。如果放弃这些，另外找一些明白具体的关于文章理法的普通文字给他们读，他们的解悟该会切实得多。又如，茅盾的长篇小说《子夜》，一般都认为是精密地解剖经济社会的佳作，但是它的组织繁复，范围宽广，中学生读起来，往往不如读组织较简范围较小的易于透彻领会。依以上所说，可以知道无论古文学现代文学，有许多是中学生所不必读的。不读那些不必读的，其意义并不等于忽视固有文化与现代人生，也很显然。再说文学的写作，少数中学生或许能够写来很像个样子，但是绝不该期望于每一个中学生。这就是说，中学生不必写文学是原则，能够写文学却是例外。据我所知的实际情形，现在教学生专读经史古文的，并不期望学生写来也像经史古文，他们只望学生能写普通的文言，而一般以为现代文学之外别无教材的，却往往存一种奢望，最好学生落笔就是文学的创作。后者的意见，我想是应当修正的。

在初中阶段，虽然也读文学，但是阅读与写作的训练应该偏重在基本方面，以普通文为对象。到了高中阶段，选取教材以文章体制、文学源流、学术思想为纲，对于白话，又规定"应侧重纯文艺作品"，好像是专向文学了，但是基本训练仍旧不可忽略。理由很简单，高中学生与初中学生一样，他们所要阅读的不纯是文学，他们所要写作的并非文学，并且，唯有对于基本训练锲而不舍，熟而成习，接触文学才会左右逢源，头头是道。

我的话到此为止。自觉说得还不够透彻，很感惭愧。

1940 年 8 月 18 日作

略谈学习国文

无论学习什么学科，都该预先认清楚为什么要学习它。认清楚了，一切努力才有目标，有方向，不至于盲目地胡搞一阵。

学生为什么要学习国文呢？这个问题，读者诸君如果没有思考过，请仔细地思考一下。如果已经思考过了，请把思考的结果和后面所说的对照一下，看从中间能不能得到些补充或修正。

学习国文就是学习本国的语言文字。语言人人能说，文字在小学阶段已经学习了好几年，为什么到了中学阶段还要学习？这是因为平常说的语言往往是任意的，不免有粗疏的弊病；有这弊病，便算不得能够尽量运用语言；必须去掉粗疏的弊病，进到精粹的境界，才算能够尽量运用语言。文字和语言一样，内容有深浅的不同，形式有精粗的差别。小学阶段学习的只是些浅的和粗的罢了，如果即此为止，还算不得能够尽量运用文字；必须对于深的和精的也能对付，能驾驭，才算能够尽量运用文字。尽量运用语言文字并不是生活上一种奢侈的要求，实在是现代公民所必须具有的一种生活的能力。如果没有这种能力，就是现代公民生活上的缺陷；吃亏的不只是个人，同时也影响到社会。因此，中学阶段必须继续着小学阶段，学习本国的语言文字——学习国文。

语言文字的学习，就理解方面说，是得到一种知识；就运用方面说，是养成一种习惯。这两方面必须联成一贯。就是说，理解是必要的，但是理解之后必须能够运用；知识是必要的，但是这种知识必须成为习惯。语言文字的学习，出发点在"知"，而终极点在"行"；到能够"行"的地步，才算具有这种生活的能力。这是每一个学习国文的人应该记住的。

从国文科，咱们将得到什么知识，养成什么习惯呢？简括地说，只有两项，一项是阅读，又一项是写作。要从国文科得到阅读和写作的知识，养成阅读和写作的习惯。阅读是"吸收"的事情，从阅读中，咱们可以领受人家的经验，接触人家的心情；写作是"发表"的事情，从写作，咱们可以显示自己的经验，吐露自己的心情。在人群中间，经验的授受和心情的交通是最切要的，所以阅读和写作两项也最切要。这两项的知识和习惯，他种学科是不负授与和训练的责任的，这是国文科的专责。每一个学习国文的人应该认清楚：得到阅读和写作的知识，从而养成阅读和写作的习惯，就是学习国文的目标。

知识不能凭空得到，习惯不能凭空养成，必须有所凭借，那凭借就是国文教本。国文教本中排列着一篇篇的文章，使学生试去理解它们，理解不了的，由教师给予帮助（教师不教学生先自设法理解，而只是一篇篇讲给学生听，这并非最妥当的帮助）。从这里，学生得到了阅读的知识。借助这些知识，学生再试着去揣摩它们，意念要怎样地结构和表达，才正确而精密，揣摩不出的，由教师给予帮助。从这里，学生得到了写作的知识。如果不试去理解，试去揣摩，只是茫然地今天读一篇朱自清的《背影》，明天读一篇《史记》的《信陵君列传》，那是得不到什么阅读和写作的知识的，国文课也就白上了。

这里有一点必须注意。国文教本为了要供学生试去理解，试去揣摩，分量就不能太多，篇幅也不能太长；太多太长了，不适宜于做细琢细磨的研讨功夫。但是要养成一种习惯，必须经过反复的历练。单凭一部国文教本，是够不上说反复的历练的。所以必须在国文教本以外再看其他的书，越多越好。应用研读国文教本得来的知识，去对付其他的书，这才是反复的历练。

现在有许多学生，除了教本以外，不再接触什么书，这是不对的。为养成阅读的习惯，非多读不可，同时为充实自己的生活，也非多读不可。虽然抗战时期，书不容易买到，买得到的价钱也很贵；但是只要你存心要读，究竟还不至于无书可读。学校图书室中不是多少有一些书吗？图书馆固然不是各地都有，可是民众教育馆不是普遍设立了吗？藏书的人（所藏当然有多有少）不是随处都可以遇见吗？各就自己所好，各就各科学习上的需要，各就解决某项问题的需要，从这些处所借书来读，这是应该而且必须做的。

写作的历练在乎多作，应用从阅读得到的写作知识，认真地作。写作和阅读比较起来，尤其偏于技术方面。凡是技术，没有不需要反复历练的。学校里的定期作文，因为需估计教师批改的时间和精力，不能把次数规定得太多，每星期作文一次算是最多了。就学生历练方面说，还嫌不够。为养成写作的习惯，非多作不可；同时为适应生活的需要，也非多作不可。作日记，作读书笔记，作记叙生活经验的文章，作抒发内部情思的文章，凡遇有需要写作的机会，绝不放过，这也是应该而且必须做的。

1942 年 1 月 1 日发表

养成两种好习惯

——《学习国文的新路》序

国文这门学科与其他学科不一样。其他学科都有特殊的材料,譬如数学的材料是各种算法,历史的材料是以往人类活动的种种事迹,化学的材料是各种元素分析化合的种种关系。国文的特殊的材料是什么呢?很难回答。

就最广泛的方面说,凡是用我国文字写成的东西都是国文的材料,刻在龟甲牛骨上的殷墟文字是,《五经》与诸子的书是,历代的正史稗史是,所有的文集与笔记是,诗词歌赋是,唱本宝卷是,现代的新文艺作品也是。

就最狭窄的方面说,只有语文法的研究,写作技术的研究,修辞的研究才是国文的材料。无论读什么书籍文篇,都只作为着手研究的凭借,目的在从其中研究出一些法则来。因为研究不能凭空着手,必须有所凭借,譬如,研究化学必须凭借物质,离开物质就无从研究化学。

可是，如今各级学校里所谓国文以及一班从业青年口头嚷着的"学习国文"的国文没有那么广泛，也不能那么狭窄。理由很显然的。把从古到今所有用我国文字写成的东西一齐拿来阅读，加上研究的功夫，事实上没有这种必要，而且谁也办不到。至于语文法的研究，写作技术的研究，修辞的研究，那是少数人的专门之业，普通人各有负责做的喜欢做的事情要做，不能抛开了倒去做这些。

普通人在国文方面，大概只巴望养成两种好习惯——吸收的好习惯与发表的好习惯。

吸收与发表并不是生活上的点缀，却是实实在在的必需。人既然生活在社会里，社会里既然有这么一种文字，作为交换经验思想情感的工具，若不能"凭"文字吸收人家的经验思想情感，"用"文字发表自己的经验思想情感，吃亏之大是不必细说的。这吃亏而且不限于个人，因为社会仿佛一个有机体，一个人有了什么缺陷，牵连开来，往往会影响全社会。所以许多人意想中的理想社会，条件各个不同，却有一个条件几乎是共通的，就是：必须根绝文盲。全社会里没有一个文盲，就是人人能凭文字吸收人家的经验思想情感，人人能用文字发表自己的经验思想情感，人与人的交互影响更见密切，种种方面自然更易进展。

上面所说的"凭文字吸收"与"用文字发表"都是随时需用的事，也就是一辈子需用的事。大凡一辈子需用的事最需养成好习惯。在习惯没有养成之前，取个正当适宜的开端，集中心力，勉强而行之。渐渐地不大觉着勉强了，渐渐地习惯成自然，可以行所无事了。这就是好习惯已经养成，足够一辈子的受用。如果开端不怎么正当适宜，到后来就成了坏习惯。坏习惯染在身上，自己不觉察，永远的吃亏下去，自己觉察了，改掉它得费很大的劲儿，而且不一定完全改得掉。所以学习国文不能不取个正当适宜的开端，务求把吸收与发表的好习惯养成。

养成好习惯必须实践。换一句话说，那不仅是知识方面的事，心里知道该怎样怎样，未必就能养成好习惯，必须怎样怎样去做，才可以养成好习惯。向人家打听，听听人家的意见，当然是有益的，但是吸收的好习惯还得在继续不断的阅读中养成，发表的好习惯还得在继续不断的写作中养成。废书不观，搁笔不写，尽在那里问什么阅读方法写作方法，以为一朝听到了方法，事情就解决了，好习惯就养成了，那是决无之理。

起孟、翔勋两位先生的这一本书曾经在《中学生》上分期登载过，对于学习国文，我认为他们说的是个正当适宜的开端。末了一篇叫作《从全面生活学习》，这个题目揭出了全书的宗旨。学习国文不是为了博得"读书"的美名，学习国文不是为了做个"能文之士"。为了生活，为了要求生活的充实，不能不像他们所说的那样着手学习。可惜抱这样见解的国文老师不怎么多，不然，大家依据这样见解指导他们的学生，我国的国文教学可以改观了。对于看了这本书的，我还想提醒一句：必须把两位先生说的——实践，才可以养成吸收与发表的好习惯。

1947 年 11 月 5 日作

认真地努力地把语文学好

咱们要了解别人的思想，必须听别人说话。要叫别人了解咱们的思想，必须向别人说话。一面听别人说，一面说给别人听，彼此的思想就见面了。

还有一个办法，不用嘴说，用笔把话写下来，也能使彼此的思想见面。咱们看别人写的东西，就能了解别人的思想，拿写的东西给别人看，就能叫别人了解咱们的思想。

不妨想一想，要是不说话，也不用笔把话写下来，还有什么办法能使彼此的思想见面？没有什么办法了。那时候，许多人无论聚集在一块儿或是散居在各地，总之是彼此不相了解的许多人，我不知道你在想些什么，你也不知道我在想些什么。

好在这样的情形是不会有的。咱们从小就学习听话说话，七岁进了小学，又在讲文课里学习认字读书，学习用笔把话写下来。靠着这些学习，咱们就跟别人打成了一片，能了解别人的思想，也能叫别人了解咱们的思想。

咱们生活，咱们劳动，咱们学各科知识，咱们做各种工作，非跟别人打成一片不可，非彼此互相了解不可。跟别人打成一片，彼此互相了解，全靠语文，语文的重要可想而知了。既然重要，不能学习了就算数，必须学好了才算数。因此，咱们从小学习了听话说话，进了小学学习了认字读书，学习了用笔把话写下来，到中学里还要学习语文。还要学习语文，目的何在呢？就在于把"听""说""读""写"四项本领学得更好。在社会主义社会里，在互相协作互相支援的时代里，人人都得学好这四项本领。谁不学好这四项本领，他个人吃亏还是小事。严重的是会使全社会受到或大或小的损失，那就是关系到公众的大事了。

就拿听话说话来说吧。同样是听，有仔细准确地听，有马马虎虎地听。同样是说，有恰当正确地说，有马马虎虎地说。要是听个重要报告，或者听别人谈先进经验，你不能仔细准确地听，只能马马虎虎地听，受到损失的不是你的工作吗？要是参加会议发表意见，或者跟别人辩论思想、政治、科学、技术方面的问题，你不能恰当正确地说，只能马马虎虎地说，受到损失的范围有多么广，你想得周全吗？

读和写也一样，你不能仔细准确地读，只能马马虎虎地读，不能恰当正确地写，只能马马虎虎地写，都不仅是你个人的事，都会使全社会受到或大或小的损失。

谁都要使用语文，无论干什么都要使用语文。不学好语文，会使全社会受到或大或小的损失，非把语文学好不可。学好语文就是学好"听""说""读""写"四项本领。这四项本领有连带的关系："听"和"读"是一路，都为了了解别人的思想，"说"和"写"是一路，都为了表达思想叫别人了解。了解和表达又是互相影响的：提高了解的能力，表达的本领就能加强；提高表达的能力，了解的本领就能加强。因此，只要认真学习，努力学习，这四项本领必然能齐头并进，项项学好。

切不要说听话说话，从小就会，还学它干什么。要问问自己，听人家的话能够不误会，不遗漏，把主要意思完全抓住吗？能够辨明哪些意思正确，哪些意思错误吗？说给人家听的话能够把事情说清楚，把道理说正确吗？能够有条有理，不多不少，说得恰如其分吗？要是自己觉得还不够，这就是听话说话的本领还很差，怎么能不认真地努力地学习？

切不要说一些少年报刊已经会看，小说也看过好几本，这就差不多了，还希望语文课帮助些什么呢？要问问自己，看报刊和小说，还有其他的书，能够完全了解，彻底明白吗？能够把报刊上小说上其他的书上写的东西全部消化，使这些东西变为自己的知识、能力和道德吗？要是不能毫不迟疑地回答说能够，这就是看书看报的本领并没有到家，怎么能不认真地努力地学习？

切不要说将来不想当什么作家，干吗要用功学语文。要知道语文不是作家才用得着，绝对不是，凡是公民都用得着。尤其是建设伟大的社会主义的时代的公民，非学好语文不可。你说将来不想当什么作家，不预备写诗歌小说这类的东西吗？诗歌小说之类的东西固然不一定要写，但是为了各方面的生活和工作，你必须写而且必须写好的东西非常之多，怎么能不认真地努力地学习？

切不要说将来不准备升学，语文程度差点儿又有什么关系。要知道不管升学不升学，你必须逐步提高，一天比一天进步，这就离不开语文。你经常要听讲，要参加讨论，要看书看报，要写一些非写不可的东西，请想一想，即使将来不升学，离得开语文吗？何况不升学并非停止学习，要学习，就离不开语文。这样想的时候，现在对于语文，怎么能不认真地努力地学习？

不妨重说一遍，谁都要使用语文，无论干什么都要使用语文。咱们必须认清语文的重要，认真地努力地把语文学好。

1959 年 6 月 5 日发表

改变字风

常听人说起，写字潦草已成风气，为了工作和交际，不得不看连篇累牍的潦草字，实在头痛。我也有同感。读一篇稿子，看一封信，往往要顿住，因为好些字面生，一眼认不清，必须连着上下文猜详，跟本件中相似的字比照，一遍不成再来一遍，才认得清。少数几个字面生还不要紧。面生的字多到连篇累牍，当然要头痛了。

字怎么写，人人有自由。但是写出字让别人头痛，未免自由过分了，我早就想向凡是写字给别人看的人呼吁。我的呼吁不过一句话，写字务恳为看的人着想。分别言之，就是写信要为收信人着想，起什么稿子要为商量这份稿子的人着想，写的稿子准备付印付排的要为打字员排字工人着想。为看的人着想，是人与人的协作，对工作和交际有莫大好处。这些道理似乎无须多说，因为多数人都能说。重要的不在于能说，而在于真正能顾到看的人，真正能养成习惯，每逢写字绝不潦草。那么，用一句简要的话点醒一下也就够了。每逢写字绝不潦草，当然要多花些功夫，但是跟多花看的人的功夫相比，跟潦草字所引起的事故相比，多花些功夫还是非常值得的。这一层意思，我倒要附带地点醒。

学生写字大多潦草，也是人们常常皱着眉头说起的。皱着眉头，为的是从中看到一般潦草的局面势将继续下去。但是这个局面能让它继续下去吗？不能。必须赶快改变这个局面，造成写字端正的风气。而造成风气的主要阵地在学校，无论小学中学大学，出来的学生都写得一手端正的字，风气不就不变吗？绝不说写几个字无关宏旨，绝不想潦草点儿也无所谓，教育工作者和学生共同努力，一边认真训练，以身作则，一边认真练习，积久成习，在这样情形之下，做到学生都写得一手端正的字又有何难呢？

所谓端正的字，说得具体些，无非个个字笔画清楚，间架匀称，整幅字行款整齐而已。工作上和交际上有这样的需要，所以人人要写这样的字。并不要求什么碑神帖意，钟王欧颜。那是艺术方面的事，有爱好有兴趣的人尽不妨努力追求，可不是人人所必需。既然如此，习字的范本不一定要出于名家之手，凡是笔画清楚，间架匀称，行款整齐的，都可以作范本，楷体铅字印的书也可以作范本。也不一定要用毛笔，只要养成认真写字的好习惯，钢笔同样可以写得清楚匀称整齐。没有好习惯，用了毛笔也可以写得很潦草。目前一般小学里正是在这样的认识之下训练学生写字的。学生写得不错的也不少，如兰州工人子弟小学的一位老师所教的学生，他们的文稿我见过十来篇，都够得上"端正"二字。

小学里教识字总要教笔顺，这就同时教了写字。单体字好比合体字的零件，单体字的笔顺教会了，合体字的笔顺就不须多教了，多数老师教写字又给学生指点，某个字的言旁占二分之一，某个字的言旁占三分之一，某个字的竹头占二分之一，某个字的竹头占三分之一，这就是教间架。至于行款，习字本子或者印着格子，或者印着一条条的直线，只要把字写在格子里，写在两条直线之间，自然不至于歪歪扭扭。可以这么说，属于教的方面的事差不多应有尽有了。但是学生写字的成绩大多不怎么好，叫人皱眉头，这又是什么原由呢？

大凡传授技能技巧，讲说一遍，指点一番，只是个开始而不是终结。要待技能技巧在受教的人身上生根，习惯成自然，再也不会离谱走样，那才是终结。所以讲说和指点之后，接下去有一段必要的功夫，督促受教的人多多练习，硬是要按照规格练习。练成的技能技巧不是别人能够代劳的，非自己动手，认真练习不可。如果只讲说指点，而疏于督促，要求技能技巧在他身上生根就很难说了。疏于督促，是不是学生写字的成绩不怎么好的原由之一呢？如果是的，老师就可以在这上头多用些功夫，方法不妨多种多样，各有巧妙不同，总之，要学生多练，要严格要求。学生初学写字就注意督促，从早把底子打好，是事半功倍的法门。老师可以少为学生写字操许多心，而学生一开始就养成写字的好习惯，也将终身受用不尽。

还可以这样考虑，教的方面的事差不多应有尽有了，而学生写出字来潦潦草草，不按规格，这里头似乎不仅是写字的问题，而且是学习态度的问题。就是说，学习态度不够认真严肃。如果这个说法中肯的话，那就要在写字教学以外想办法了，字写得潦潦草草，演算草未必就端端正正吧，读课内课外各种书籍未必就仔仔细细吧。既然叫作态度，对于各方面自当一视同仁，不会薄于此而厚于彼。这是比写字潦草更为严重的事。学习态度本来非端正不可，而学习态度一端正，自然会把写字当一回事，又何况写得清楚些，匀称些，整齐些，究竟也没有什么难。要求端正学习态度，说道理，讲任务，固然不可少，但是督促实践，即知即行，蔚为风气，尤其是成功收效的关键。

写字潦草，原由之一是求快，要写的字有那么多，慢慢地写来不及。求快是必然之势，毛病在带来了潦草。针对这个情形，最好开始教写字就多注意，先要求写得端正，成为习惯，在端正的基础上再要求写得快，成为习惯。这样就又端正又快，双方兼备。

要是求快而不端正的习惯已经养成，把它扭转来当然要多费些功夫。但是为了长久的方便，多费些功夫也在所不惜，还得回到开始教写字的阶段上去，先要求端正再要求快。

孟子说的"引而置之庄岳之间"(《滕文公下》)的办法可能有些用处。就是说，让学生处在这样的环境里，只看见写得端正的，看不见写得潦草的，从而受到影响，练成写字的好习惯。在学校以内，造成这样的环境似乎不太难。凡是揭示的标语，指示的牌子，张贴的写件，刻蜡的印件，写在黑板上的粉笔字，批在作业本上的毛笔字或是钢笔字，全都端端正正，一丝不苟，这样的环境不就差不多了吗？课堂里图书室里或是其他适宜的地方，既然可以挂画，自也不妨挂一些写得不错的字幅，那么环境就更见得完美齐备了。教导和指点不一定要在课堂教学中进行，任何时候说说这一处写得多端正，那一处为什么那么好看，哪怕一句两句，也是教导和指点。学生耳濡目染，不知不觉鼓起了兴趣，提高了眼力，将会严格地要求自己，心到手到，非练成端正的字不可。学任何技能技巧，到了严格地要求自己的地步，成功的把握少说也有十之六七了。

现在一般的理解，小学毕业生要能写端正的字。这个要求切合实际，适应工作和交际的需要，所以必须达到。有好些小学毕业生已经达到了，又可见这个要求并不高，只要师生共同努力，所有小学毕业生都能达到。到中学阶段，按理说，写字不须再劳老师的神，再费学生的力了。但是实际情形并不然。那没有别的办法，只有补课，补应当在小学里完成的课。时间不妨抓紧些，要求不妨严格些，中学生比小学生大了，一定要在限定的时期内练成端正的字。老师不要怕给学生添麻烦，学生也不要嫌老师给你添麻烦。现在麻烦点儿，写得一手端正的字，将来体会到好处，感觉到方便，将会永远珍爱这个麻烦呢。至于写字潦草的大学生，对他们提出呼吁，请他们务必为看的人着想，也就可以了。人与人要协作，写在纸上的字是工作和交际的必要工具，不能马虎，大学生哪有不明白的？只望他们前进一步，把这些道理贯彻在写字的实践中而已。再说，改变字风总比改变文风容易些吧，文风尚且要改变，字风不好，当然要改变。手头当心点儿，积久成习，也就改变过来了。

1961 年 6 月 24 日发表

说话训练绝不该疏忽

几位朋友跑了好些地方，参观了不少学校，回来谈起，从语文教学中得到个总印象，对学生的说话训练，一般是注意得不够。比较起来，幼儿园最注意说话训练，但是幼儿园并非学校。小学和中学，语文教学适当注意说话训练的当然有，然而是少数。多数是注意得不够，其中还有根本不注意的，说它不够，其实并不确切。

对学生的说话训练注意得不够，影响到学生的学业成绩，不能看做小事。要改变这种情况，首先希望语文老师在教学实践中有所改变，适当注意说话训练。还希望跟教育有关的部门和人员全都重视这件事，经常倡导，不断督促，一定要注意说话训练成为普遍的风气。像这一类事，突出一下，热闹一阵，总是无济的，必须日积月累，坚持不懈，成效方见，所以有蔚为风气的必要。

语文教学不仅是传授知识，尤其重要的，在乎培养学生听说读写的能力。分开来说，听和读是一类，说和写是一类。有了听和读的能力，就能汲取人家的东西，化为己有。有了说和写的能力，就能表达自己的心意，让人家完全明晓。这两类能力，无论在学习中，在工作中，在日常生活中，都是必需的，所以是最基本的能力；非着力培养不可。合起来说，这两类能力又是相辅相成的，就是说，听和读的能力的加强，有助于说和写的能力的提高，反过来亦然。因此，培养的时候宜乎双方兼顾，听、说、读、写四个字中间不偏废任何一个字，才能收获相互促进、不断提高的成效。

前边说的这些道理，在广大的语文老师，在经常关心语文教学的人们眼里，几乎是共同具有的常识了。然而实际情况是对学生的说话训练注意得不够，听、说、读、写四个字中间疏忽了说字，可见实践跟常识还没合到一块儿。

一句话，说话训练绝不该疏忽。

不要以为幼儿园阶段既有说话训练，这就够了。要知道幼儿园的训练只是个最起码的基础，而在这个基础上逐步扩充，逐步提高，莫说小学阶段，就是中学阶段也不能放松。

不要以为学生自己能说话，而且时时刻刻在那里说，少顾及些也无碍于事。要知道说话训练所以称为训练，在乎利用种种有效的办法，养成学生自觉地说话的好习惯。自觉地说话的反面是自发地说话，就是随随便便说，这也会成为习惯，当然是不好的习惯。假如不甚注意说话训练，就无异放开学生不管，任他们养成不好的习惯，这能说无碍于事吗？

不要以为说话这件事未必像一般说的那么重要，把学生读和写的能力培养好，也就可以了。谁要是这样想的话，谁就有重新把听、说、读、写四个字的关系郑重考虑一下的必要。先说说和写。这两件事同出一源，而说先于写，必须能说然后能写，绝不会能写而不能说。说的能力如果发展到高度，写的事就只剩把话记下来罢了。这样看来，说跟写怎么能拆开？再说听和读。听是用耳朵听人家的话，读是用眼睛和嘴"听"人家写下来的话，取径虽然不同，但同为听人家的话。而听得仔细不仔细，辨得明白不明白，跟听的人的说话习惯大有关系。就是说，听的人具有自觉地说话的好习惯，对人家的话就听得仔细，辨得明白，否则只是草草听过而已，虽说听了，却说不上真正听了。这样看来，说跟听和读又怎么能拆开？竟可以这么说，听、说、读、写四个字中间，说最为基本，说的功夫差不多，听、读、写三项就容易办了。因此说话这件事硬是有一般说的那么重要，说话训练绝不该疏忽。

　　随时留心学生说的话，听见意义不正确的，语句不完整的，用词用语不恰当的，就指出来让他们自己考虑改正，或直接给他们纠正，这对学生当然有好处。不过这是消极的办法，说话训练不宜仅止于此，还得多用些积极的有效的办法。无论课内课外，不放过可以利用的机会，运用适当的启发或暗示，使学生乐于说话，而又不肯随便说话，哪怕三句五句，总要尽可能说得有头有尾，这是个积极的有效的办法。无论读课文或是课外读物，无论出声朗读或是轻轻讽诵，严格要求学生口到心到，务使口头的轻重徐疾抑扬顿挫，跟心里的领会和感受相印合：

这是个积极的有效的办法。还有，造成有利于养成说话的好习惯的环境，也是个积极的有效的办法。如果造成这样一个环境，多数人知道说话不宜随随便便，都把说话当一回事，那就非常有利于说话训练。说话训练在这样的环境中进行，将会事半功倍。环境以一个班为范围，还嫌狭小，最好以全校为范围，要是能扩展到学生的家庭，当然更好。而造成这样的环境，老师的示范作用和熏染作用至关重要。在一切教育工作中，老师以身作则总归是主要的原则，而且是最易见效的方法，进行说话训练自然不会是例外。倘若以身作则，注意说话的，不仅以语文老师为限，其他老师也跟语文老师相配合，课内课外全都注意到说话给予学生的影响，那么这个环境就有扎实的底子了。影响逐渐扩大，再加上积极的训练，从少数学生到多数学生，逐渐养成自觉地说话的好习惯，那么这个环境就成坚强的阵地了。孟子说训练说话需要"引而置之庄岳之间"，是个很有道理的见解，教育工作者应该深刻体会。

积极的有效的办法绝不愁其少，只要认真研求，志在必得。从教学实践中总结经验，总可以得到好些切实的办法。同业之间互通声气，广泛地交流经验，办法将会更多。

训练训练，分开来说，训是老师的事，练是学生的事。就老师的方面说，采用种种有效的办法，循序渐进地教导学生练，固然极为重要。而督促学生认真练，经常练，尤其是奏功收效的关键。一曝十寒，办法再好也没有多大用处，因为在学生身上得不到巩固，养不成习惯。必须督促学生循规蹈矩地练，积日累月地练，练到非常纯熟，再也丢不了了，学生身上才真正有了这项能力了。凡属训练的事都如此，说话训练当然包括在内。

　　我这篇短文希望引起大家的注意，说话训练绝不该疏忽，如有疏忽，就得有所改变。因为大家急切期盼把语文教学提高一步，而注意说话训练，正是提高语文教学的重要途径之一。此外，不妨看看咱们的社会主义社会，在工作中，在交际中，说话的切需超过过去时代何止十倍百倍，谁的说话能力差，不仅是他个人的吃亏，往往又间接会造成社会的损失。这样看来，说话训练的重要还不清楚吗？

1961 年 7 月 8 日作

认真学习语文

学习语文很重要

学习语文的确很重要。近几年来，越来越多的人觉得自己的语文程度不够。需要学习，需要补课。

语文程度不够高，大约指两个方面：一方面是阅读。比方看《人民日报》社论，有些人看是看下去了，可是觉得不甚了然，抓不住要点，掌握不住精神。另一方面是写作。写了东西，总觉得词不达意，仿佛自己有很好的意思，只因写作能力差，不能充畅地表达出来。这就可见阅读和写作两方面的能力都要提高。

阅读是怎么一回事？是吸收。好像每天吃饭吸收营养料一样，阅读就是吸收精神上的营养料。要做一个社会主义时代的公民，吸收精神上的营养料比任何时代都重要。写作是怎么一回事？是表达。把脑子里的东西拿出来，让人家知道，或者用嘴说，或者用笔写。阅读和写作，吸收和表达，一个是讲，从外到内，一个是出，从内到外。这两件事，无论做什么工作都是经常需要的。

这两件事没有学好，不仅影响个人，还会影响社会。说学习语文很重要，原因就在这里。

对学习语文要有正确的认识

什么叫语文？平常说的话叫口头语言，写到纸面上叫书面语言。语就是口头语言，文就是书面语言。把口头语言和书面语言连在一起说，就叫语文。这个名称是从一九四九年下半年用起来的。解放以前，这个学科的名称，小学叫"国语"，中学叫"国文"，解放以后才统称"语文"。

语言是一种工具。工具是用来达到某个目的的。工具不是目的。比如锯子、刨子、凿子是工具，是用来做桌子一类东西的。我们说语言是一种工具，就个人说，是想心思的工具，是表达思想的工具；就人与人之间说，是交际和交流思想的工具。

思想和语言是分不开的，想心思得靠语言来想，不能凭空想。可以说，不凭借语言的思想是不存在的。固然，绘画、音乐、舞蹈表达思想内容是不凭借语言的，绘画凭借线条和色彩，音乐凭借声音和旋律，舞蹈凭借动作和姿态，可是除了这些以外，表达思想都要依靠语言。

就学习语文来说，思想是一方面，表达思想内容的工具又是一方面。工具有好有坏，有的是锋利的，有的是迟钝的，有的合用，有的不合用，这是一方面。思想也有好有坏，有的是正确的，有的是错误的，有的很周密，很深刻，有的很粗糙，很肤浅，这又是一方面。学习语文，这两方面都要正确对待。

有些人认为只要思想内容好，用来表达的语言好不好无所谓。有些人甚至认为语文是雕虫小技，细枝末节，不必多注意。既然这样，看书无妨随随便便，写文章无妨随随便便。文章写出来半通不通，不认为不对，反而认为只要思想内容好，写得差些没有关系。实际上，看书，马马虎虎地看，书上的语言还不甚了然，怎么能真正理解书的内容？写文章，马马虎虎地写，用词不当，语句不通，怎么能说思想内容好？文章写不通，主要由于没想通，半通不通的文章就反映半通不通的思想。

有些人认为只要学好了语文，思想内容的问题也会随之解决，因而就想专在字词语句方面下功夫。这个想法也不对。有人写工作总结写不好，写调查研究的报告写不好，认为这只是"写"的问题。学好了语文，工作总结和调查报告是不是一定写得好？不一定。为什么？工作总结必须参加了某项工作，对这一项工作比较全面地了解，知道这一项工作的优点和缺点，经验和教训，再加上语文程度不错，才能写好。调查报告也一样，一定要切切实实地调查，材料既充分而又有选择，还要能恰当地安排，才能写好。

这样说起来，要写好工作总结和调查报告，既要在语文方面下功夫，也要在实践方面下功夫。两方面的功夫都要认真地做，切实地做。

学语文为的是用，就是所谓学以致用。经过学习，读书比以前读得透彻，写文章比以前写得通顺，从而有利于自己所从事的工作，这才算达到学习语文的目的。进一步说，学习语文还可以养成想得精密的习惯，理解人家的意思务求理解得透彻，表达自己的意思务求表达得准确；还有培养品德的好处，如培养严肃认真、一丝不苟的态度等。这样看来，学习语文的意义更大了，对于从事工作和培养品德都有好处。

学习语文不能要求速成

我常常接到这样的信，信上说，"我很想学语文，希望你来封信说说怎样学"。意思是，去一封回信，他一看，就能学好语文了。又常常有这样的请求，要我谈谈写作的方法。我谈了，谈了三个钟头。有的人在散会的时候说："今天听到的很能解决问题。"解决问题哪有这么容易？哪有这么快？希望快，希望马上学到手，这种心情可以理解；可是学习不可能速成，不可能画一道符，吞下去就会了。学习是急不来的。为什么？学习语文目的在运用，就要养成运用语文的好习惯。凡是习惯都不是几天功夫能够养成的。比方学游泳。先看看讲游泳的书，什么蛙式、自由式，都知道了。可是光看书不下水不行，得下水。初下水的时候很勉强，一次勉强，两次勉强，勉强浮起来了，一个不当心又沉了下去。要等勉强阶段过去了，不用再想手该怎么样，脚该怎么样，自然而然能浮在水面上了，能往前游了，这才叫养成了游泳的习惯。学语文也是这样，也要养成习惯才行。习惯是从实践里养成的，知道一点做一点，知道几点做几点，积累起来，各方面都养成习惯，而且全是好习惯，就差不多了。写完一句话要加个句号，谁都知道，一年级小学生也知道。但是偏偏有人就不这么办。知道是知道了，就是没养成习惯。

一定要把知识跟实践结合起来，实践越多就知道得越真切，知道得越真切就越能起指导实践的作用。不断学，不断练，才能养成好习惯，才能真正学到本领。

有人说，某人"一目十行"，眼睛一扫就是十行。有人说，某人"倚马万言"，靠在马旁边拿起笔来一下子就写一万字。读得快，写得快，都了不起。一目十行是说读书很熟练，不是说读书马马虎虎；倚马万言是说写得又快又好，不是说乱写一气，胡诌不通的文章。这两种本领都是勤学苦练的结果。

要学好语文就得下功夫。开头不免有点勉强，不断练，练的功夫到家了，才能得心应手，心里明白，手头纯熟。离开多练，想得到什么秘诀，一下子把语文学好，是办不到的。想靠看一封回信，听一回演讲，就解决问题，是办不到的。

有好习惯，也有坏习惯。好习惯养成了，一辈子受用；坏习惯养成了，一辈子吃它的亏，想改也不容易。譬如现在学校里不少学生写错别字，学校提出要纠正错别字，要消灭错别字。错别字怎么来的呢？不会写正确的形体吗？不见得。有的人写错别字成了习惯，别人告诉他写错了，他也知道错，可是下次一提笔还是错了。最好是开头就不要错，错了经别人指出，就勉强一下自己，硬要注意改正。比方"自己"的"己"和"已经"的"已"搞不清楚，那就下点儿功夫记它一记，随时警惕，直到不留心也不会错才罢休。

学习语文要练基本功

学习语文要练基本功。写一篇文章，就语文方面说，用一个字，用一个词，写一个句子，打一个标点，以及全篇的结构组织，全篇的加工修改，这些方面都要做到家才算好。这些方面都得下功夫，都得养成好的习惯。这样，写起文章来就很自由，没有障碍，能够从心所欲。培养这些方面的能力，养成好的习惯，就叫练基本功。

一出戏要唱功做功都好是不容易的。最近我看周信芳、于连泉（筱翠花）几位总结他们表演艺术经验的书，讲一个动作如何做，一句唱词如何唱，都有很多道理。道理不是嘴上说说的，是从实践里归结出来的。我们学习语文，看文章和写文章也能达到他们那样程度，就差不多了。学戏的开始，不是从整的戏入手的，一定要练基本功，唱腔、道白、身段、眼神，一举手一投足，都要严格训练，一丝不苟。起初当然勉强，后来逐渐熟练，表演起来就都合乎规矩。然后再学一出一出的戏。学绘画，要先练习写生，画茶杯，画花瓶，进一步练速写，这些都是基本功。学音乐、舞蹈也一样，都要练基本功。木工做一张桌子也不简单，锯子、刨子和凿子，使用要熟练，要有使用这些工具的好习惯，桌子才能做得合规格。总之，无论学什么，练基本功是很重要的。

学语文的基本功是什么？大体上说有以下几方面：

第一，识字写字。可能有人想，谁还不识字，这个功夫没有什么可练的。可是一个字往往有几个意义，几种用法，要知道得多些，个个字掌握得恰当，识字方面还得下功夫。譬如"弃甲曳兵而走"，这是《孟子》上的一句话。小学生可能不认识"曳"字，其余都是认识的。可是小学生只学过"放弃""抛弃"等词，没学过单用的"弃"字。至于"甲"知道是"甲、乙"的"甲"，"兵"知道是"炮兵""伞兵"的"兵"，"走"知道是"走路"的"走"。他不知道"甲"是古代的军装，"兵"在古代语言中是武器，古人说"走"，现代人说"逃跑"。"曳"这个字的字义现代不用了，只说"拖"。"而"字在现代语言中是有的，如"为……而奋斗"。可是照"弃甲曳兵而走"这句话的意思说，"而"字就用不着了。用现代话说，这句话就是"丢了铠甲拖着武器逃跑"。到高中程度，识字当然要比小学比初中更进一步，对某些字知道更多的意义和用法。中国字太多，太复杂，谁也不能夸口说念字不会念错。字要念得正确，不要念别字，这也是识字方面应该下的功夫。

写字也要下些功夫。不一定要去买什么碑帖，天天临它几小时，这不需要；可是字怎么写，总要有个规矩。写下的字是让人家看的，不是使人家看不清楚，看得很吃力。有时候我接到些信，字写得不清楚，要看好些时间，看得很吃力。不要自己乱造字，简化字有一定的规范，不要只管自己易写，不管别人难认。字要写得正确，一笔一画都辨得很明白；还要写得熟练，如果写一个字要想三分钟，这怎么能适应需要？要把字写得正确熟练，这就是基本功。

第二，用字用词。用词要用得正确，贴切，就要比较一些词的细微的区别。这是很要紧的。譬如与"密"字配合的，有"精密""严密""周密"等词，粗粗看来好像差不多，要细细辨别才辨得出彼此的差别。"精密"跟"周密"有何不同，"精密"该用在何处，"周密"该用在何处，都要仔细想一想。想过了，用起来就有分寸。如果平时不下功夫，就不知道用哪一个才合适。

用词，有时也表示一个人的立场。立场，就是站在哪一方面；比方有人说，在土地改革的时候，某村地主很"活跃"，这就是立场不对头。"活跃"往往用在对一件事表示赞美的场合。对地主用"活跃"不合适，要用"猖獗"。否则人家会认为你是站在地主的立场呢。这些地方如果平时不注意，就会出错。用词还有个搭配的问题。比方"成绩"，可以说"取得成绩"，"做出成绩"，如果说"造出成绩"就不合适。前边的词跟后边的词，有搭配得上的，有搭配不上的，把不相配合的硬配在一起，就不行。所以用词也是基本功，无论阅读或是写作都要注意。

第三，辨析句子。句子是由许多词组成的，许多词当中有主要的部分和附加的部分。读句子，写句子，要分清主要部分和附加部分，还要辨明附加部分跟主要部分是什么关系。比方"在党的领导下，我们取得了中国革命的胜利"。

　　这句话的主要部分是什么？是"我们取得了胜利"。取得了什么胜利？取得了"中国革命的"胜利。还要弄清楚，"在党的领导下"是"取得"的条件，虽然放在前面，却关系到后面的"取得"。读一句话，写一句话，要能马上抓住主要的部分，能弄清楚其他的部分跟主要的部分的关系，这就是基本功。长句子尤其要注意。有些人看文章，又像看得懂，又像看不懂，原因之一就是弄不清楚长句子的各个组成部分的关系。

　　读文章，写文章，最好不要光用眼睛看，光凭手写，还要用嘴念。读人家的东西，念出来，比光看容易吸收。有感情的文章，念几遍就更容易领会。自己写了东西也要念，遇到念来不顺的地方，就是要修改的地方。好的文章要多读，读到能背。一边想一边读，有好处。这好处就是自己脑子里的想法好像跟作者的想法合在一起了，自己的想法和语言运用能力就从而提高不少。长的文章可以挑出精彩的段落来多读，读到能背。读的时候不要勉强做作，要读得自然流畅。大家不妨试试。

　　第四，文章结构。看整篇文章，要看明白作者的思路。思想是有一条路的，一句一句，一段一段，都是有路的，这条路，好文章的作者是绝不乱走的。看一篇文章，要看它怎样开头的，怎样写下去的，跟着它走，并且要理解它为什么这样走。譬如一篇议论文，开头提出问题，然后从几个方面来说，而着重说的是某一个方面，其余几个方面只说了一点儿。为什么要这样安排呢？一定有道理。读的时候就得揣摩这个道理。再往细处说，第二句跟头一句是怎样连接的，第三句跟第二句又是怎样连接的，第二段跟第一段有什么关系，第三段跟第二段又有什么关系，诸如此类，都要搞清楚。这些就叫基本功。练，就是练这个功夫。

总起来一句话，许多基本功都要从多读多写来练。读人家的文章，要学习别人运用语言的好习惯。自己写文章，要养成自己运用语言的好习惯。要多读，才能广泛地吸取。要多写，越写越熟，熟极了才能从心所欲。多写，还要多改。文章不好，原因之一就是自己不改或者少改。有人写了文章，自己不改，却对别人说："费你的心改一改吧。"自己写了就算，不看不改，叫别人改，以为这就过得去，哪有这么容易的事？

写之前要多想想，不要动笔就写。想得差不多了，有了个轮廓了，就拟个提纲。提纲可以写在纸上，也可以记在脑子里。总之，想得差不多了然后写。写好以后，念它几遍，至少两三遍，念给自己听，或者念给朋友听。凡是不通的地方，有废话的地方，用词不当的地方，大致可以听出来。总之，要多念多改，作文的进步才快。请别人改，别人可能改得不怎么仔细，或者自己弄不明白别人这样那样改的道理，这就没有多大好处。当然，别人改得仔细，自己又能精心领会，那就很有好处。

认真不认真，是学得好不好的关键

希望学得好，先要树立认真的态度。看书，不能很快地那么一翻；看文章，不能眼睛一扫了事。写文章，不能想都不想，就动笔写，写完了自己又懒得改。这些都是不认真的态度。如果这样，一定学不好。某个中学举行过一次测验，有一道题里学生需用"胡同"这个词，竟有不少学生把极容易的"同"字写错了。从这上头可以看出学生学习态度不认真。这应该由老师负责，老师没有用种种办法养成学生认真的习惯。大事情是由无数小事情加起来的，小事情不注意，倒能注意大事情，这是不能令人相信的。

有的人写了文章，别人给他指出某处是思想认识上的错误，某处是语言文字上的错误，他笑了笑就算了，这也是不认真的态度的表现。写个请假条，写封信，也要注意。无论读或是写，都不能马虎。马虎是认真的反面。马虎的风气在学校里和机关里都有，要想办法改变这种坏风气。

有的老师有的家长往往说，某某孩子两天就看完了《红岩》，真了不起。我认为这不很好。这样大的一本书两天就看完，可能只看见些影子，只记得几个人名，别的很难领悟。这样的读书法是不该提倡的。先要认真读，有了认真读的习惯，然后再求读得快。

一句话，希望同志们认真自学。在这里听到的，只能给同志们一些启发，一些帮助，重要的还在自学。再说，在这里听到的不一定全接受，要自己认真想过，认为确实有些道理，才接受。

1963 年 10 月 5 日发表

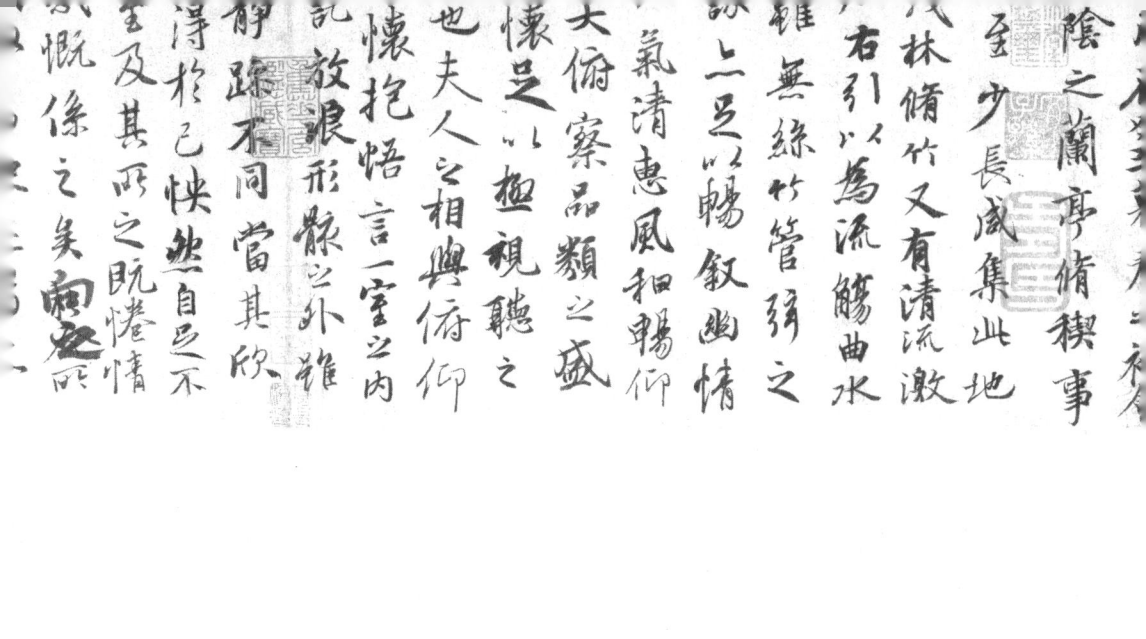

专题二

阅读什么及怎么阅读

读书的态度

最近各地举行读书运动，从报纸杂志上可以看到许多讨论读书指导读书的文章。

"九一八"事件发生以后，全国青年非常激动，大家想拿出自己的一份力量来对付国家的厄运；可是有些学者却告诉他们一句话，叫作"读书救国"。"读书"两个字就此为青年所唾弃。青年看穿了学者的心肠，知道这无非变戏法的人转移观众注意力的把戏，怎能不厌听"读书呀读书"那种丑角似的口吻？要是说青年就此不爱读书，这却未必。

读书有三种态度：一种是绝对信从的态度，凡是书上说的话就是天经地义。一种是批判的态度，用现实生活来检验，凡是对现实生活有益处的，取它，否则就不取。又一种是随随便便的态度，从书上学到些什么，用来装点自己，以便同人家谈闲天的时候可以应付，不致受人家讥笑，认为一窍不通。

顽固的人对于经书以及笼统的所谓古书，是抱第一种态度的。他们或许是故意或许是无心，自己抱了这种态度，还要诱导青年也抱这种态度。青年如果听从了他们，就把自己葬送在书里了。玩世的人认为无论什么事都只是逢场作戏，读书当然不是例外，所以抱的是第三种态度。世间唯有闲散消沉到无可奈何的人才会玩世；青年要在人生的大道上迈步前进，距离闲散消沉十万八千里，自然不会抱这种态度。青年应当抱而且必须抱的是第二种态度。要知道处理现实生活是目的，读书只是达到这个目的的许多手段之一。不要盲从"开卷有益"的成语，也不要相信"为读书而读书"的迂谈。要使书为你自己用，不要让你自己去做书的奴隶。这点意见虽然浅薄，但对于被围在闹嚷嚷的读书声中的青年却是有用的。

1935 年 5 月 1 日发表

给予学生阅读的自由

我们知道现在中等学校里，对于学生课外阅读书报，颇有加以取缔的。取缔的情形并不一律。有的是凡用语体文写作的书报都不准看。说用到语体文，这批作者就不大稳当。却没有想到给学生去死啃的教科书大多数是用语体文写作的。有的是开列一个目录，让学生在其中自由选择。说目录以外的书报都要不得，谁不相信，偏要弄几种来看，只有一个断然处置的办法——没收！有的更温和一点，并不说不许看什么，却随时向学生劝告，最好不要看什么。一位教师在自修室外面走过，瞥见一个学生手里正拿着一本所谓最好不要看的东西，他就上了心事，跑去悄悄地告诉另一位教师说："某某在看那种东西了呢！"那诧怪和怜悯的神情，仿佛发现了一个人在偷偷地抽鸦片。于是几位教师把这事记在心上，写上怀中手册，直到劝告成功，那学生明白表示往后再不看那种东西了，他们才算在心上搬去了一块石头。——这虽然温和一点，然而也还是取缔。

这样把学生看作思想上的囚犯，实在不能够叫人感服。学生所以要找一点书报来看，无非想明白当前各方面的情形，知道各式各样的生活而已。既已生在并非天下太平的时代，谁也关不住这颗心，专门放在几本教科书几本练习簿上。当然，所有的书报不尽是对于学生有益处的。但只要学校教育有真实的功效，学生自会凭着明澈的识别力，排斥那些无益的书报。现在不从锻炼学生的识别力入手，只用专制的办法来个取缔，简便是简便了，然而要想想，这给予学生的损害多么重大！把学生的思想范围在狭小的圈子里，教他们像号子里的囚犯一样，听不见远处的风声唱着什么曲调，看不见四周的花木显着什么颜色。这样寂寞和焦躁是会逼得人发疯的。我们曾经接到好些地方学生寄来的信，诉说他们被看作思想上的囚犯的苦恼。只要一读到那种真诚热切的语句，就知道取缔办法是何等样的罪过。

教师和学生，无论如何不应该对立起来。教师不是专制政治下的爪牙，学生不是被压迫的民众。教师和学生是朋友，在经验和知识上，彼此虽有深浅广狭的差别，在精神上却是亲密体贴的朋友。学生要扩大一点认识的范围，做他们亲密体贴的朋友的教师竭力帮助他们还嫌来不及，怎忍把他们的欲望根本压了下去！我们特地在此提出来说，希望做了这种错误举动的教师反省一下，给予学生阅读的自由。

1937 年 2 月 1 日发表

要认真阅读

文艺鉴赏并不是一桩特别了不起的事，不是只属于读书人或者文学家的事。我们苏州地方流行着一首儿歌：

呀哈呀踏水车。水车沟里一条蛇，游来游去捉虾蟆。虾蟆躲（原音作"伴"，意义和"躲"相当，可是写不出这个字来）在青草里。青草开花结牡丹。牡丹娘子要嫁人，石榴姊姊做媒人。桃花园里铺"行家"（嫁妆），梅花园里结成亲。……

儿童唱着这个歌，仿佛看见春天田野的景物，一切都活泼而有生趣：水车转动了，蛇游来游去了，青草开花了，牡丹做新娘子了。因而自己也觉得活泼而有生趣，蹦蹦跳跳，宛如郊野中，一匹快乐的小绵羊。这就是文艺鉴赏的初步。

另外有一首民歌,流行的区域大概很广,在一百年前已经有人记录在笔记中间了,产生的时间当然更早。

月儿弯弯照九州,几家欢乐几家愁?

几家夫妇同罗帐?几个飘零在外头?

唱着这个歌,即使并无离别之感的人,也会感到在同样的月光之下,人心的欢乐和哀愁全不一致。如果是独居家中的妇人,孤栖在外的男子,感动当然更深。回想同居的欢乐,更见离别的难堪,虽然头顶上不一定有弯弯的月儿,总不免簌簌地掉下泪来。这些人的感动,也可以说是从文艺鉴赏而来的。

可见文艺鉴赏是谁都有份的。但是要知道,文艺鉴赏不只是这么一回事。

文艺中间讲到一些事物,我们因这些事物而感动,感动以外,不再有别的什么。这样,我们不过处于被动的地位而已。我们应该处于主动的地位,对文艺要研究,考察。它为什么能够感动我们呢?同样讲到这些事物,如果说法变更一下,是不是也能够感动我们呢?这等问题就涉及艺术的范围了。而文艺鉴赏正应该涉及艺术的范围。

在电影场中,往往有一些人为着电影中生离死别的场面而流泪。但是另外一些人觉得这些场面只是全部情节中的片段,并没有什么了不起,反而对于某景物的一个特写、某角色的一个动作点头赞赏不已。

这两种人中，显然是后一种人的鉴赏程度比较高。前一种人只被动地着眼于故事，看到生离死别，设身处地一想，就禁不住掉下泪来。后一种人却着眼于艺术，他们看出了一个特写、一个动作对于全部电影所增加的效果。

还就看电影来说。有一些人希望电影把故事交代得清清楚楚，譬如剧中某角色去访朋友，必须看见他从家中出来的一景，再看见他在路上步行或者乘车的一景，再看见他走进朋友家中去的一景，然后满意。如果看见前一景那个角色在自己家里，后一景却和朋友面对面谈话了，他们就要问："他门也没出，怎么一会儿就在朋友家中了？"像这样不预备动一动天君的人，当然谈不到什么鉴赏。

散场的时候，往往有一些人说那个影片好极了，或者说紧张极了，巧妙极了，可爱极了，有趣极了——总之是一些形容词语。另外一些人却说那个影片不好，或者说，一点不紧凑，一点不巧妙，没有什么可爱，没有什么趣味——总之也还是一些形容词语。像这样只能够说一些形容词语的人，他们的鉴赏程度也有限得很。

文艺鉴赏并不是摊开了两只手，专等文艺给我们一些什么，也不是单凭一时的印象，给文艺加上一些形容词语。

文艺中间讲到一些事物，我们就得问：作者为什么要讲到这些事物？文艺中间描写风景，表达情感，我们就得问：作者这样描写和表达是不是最为有效？我们不但说了个"好"就算，还要说得出好在哪里，不但说了个"不好"就算，还要说得出不好在哪里。这样，才够得上称为文艺鉴赏。这样，从好的文艺得到的感动自然更见深切。文艺方面如果有什么不完美的地方，也会觉察出来，不至于一味照单全收。

　　鲁迅的《孔乙己》，现在小学高年级和初级中学都选作国语教材，读过的人很多了。匆匆读过的人说："这样一个偷东西被打折了腿的瘪三，写他有什么意思呢？"但是，有耐心去鉴赏的人不这么看，有的说："孔乙己说回字有四样写法，如果作者让孔乙己把四样写法都写出来，那就索然无味了。"有的说："这一篇写的孔乙己，虽然颓唐、下流，却处处要面子，处处显示出他所受的教育给予他的影响，绝不同于一般的瘪三，这是这一篇的出色处。"有一个深深体会了世味的人说："这一篇中，我以为最妙的文字是'孔乙己是这样的使人快活，可是没有他，别人也便这么过。'这个话传达出无可奈何的寂寞之感。这种寂寞之感不只属于这一篇中的酒店小伙计，也普遍属于一般人。'也便这么过'，谁能跳出这寂寞的网罗呢？"

　　可见文艺鉴赏犹如采矿，你不动手，自然一无所得，只要你动手去采，随时会发现一些晶莹的宝石。

　　这些晶莹的宝石岂但给你一点赏美的兴趣，并将扩大你的眼光，充实你的经验，使你的思想、情感、意志往更深更高的方面发展。

　　好的文艺值得一回又一回地阅读，其原由在此。否则明明已经知道那文艺中间讲的是什么事物了，为什么再要反复阅读？

　　另外有一类也称为文艺的东西，粗略地阅读似乎也颇有趣味。例如说一个人为了有个冤家想要报仇，往深山去寻访神仙。神仙访到了，拜求收为徒弟，从他修习剑术。结果剑术练成，只要念念有词，剑头放出两道白光，能取人头于数十里之外。于是辞别师父，下山找那冤家，可巧那冤家住在同一的客店里。三更时分，人不知，鬼不觉，剑头的白光不必放到数十里那么长，仅仅通过了几道墙壁，就把那冤家的头取来，藏在作为行李的空皮箱里。深仇既报，这个人不由得仰天大笑。——我们知道现在有一些少年很欢喜阅读这一类东西。如果阅读时候动一动天君，就觉察这只是一串因袭的浮浅的幻想。除了荒诞的传说，世间哪里有什么神仙？除了本身闪烁着寒光，剑头哪里会放出两道白光？结下仇恨，专意取冤家的头，其人的性格何等暴戾？深山里住着神仙，客店里失去头颅，这样的人世何等荒唐？这中间没有真切的人生经验，没有高尚的思想、情感、意志作为骨子。说它是一派胡言，也不算过分。这样一想，就不再认为这一类东西是文艺，不再觉得这一类东西有什么趣味。读了一回，就大呼上当不止。谁高兴再去上第二回当呢？

可见阅读任何东西不可马虎，必须认真。认真阅读的结果，不但随时会发现晶莹的宝石，也随时会发见粗劣的瓦砾。于是收取那些值得取的，排除那些无足取的，自己才会渐渐地成长起来。

取着走马看花的态度的，决谈不到文艺鉴赏。纯处于被动的地位的，也谈不到文艺鉴赏。

要认真阅读，在阅读中要研究，考察。这样才可以走上文艺鉴赏的途径。

1937 年 3 月作

精读的指导

——《精读指导举隅》前言

在指导以前，得先令学生预习。预习原很通行，但是要收到实效，方法必须切实，考查必须认真。现在请把学生应做的预习工作分项说明于下。

一、通读全文

理想的办法，国文教本要有两种本子：一种是不分段落，不加标点的，供学生预习用；一种是分段落，加标点的，待预习过后才拿出来对勘。这当然办不到。可是，不用现成教本而用油印教材的，那就可以在印发的教材上不给分段落，也不给加标点，令学生在预习时候自己用铅笔划分段落，加上标点。到上课时候，由教师或几个学生通读，全班学生静听，各自拿自己预习的成绩来对勘；如果自己有错误，就用墨笔订正。这样，一份油印本就有了两种本子的功用了。现在的书籍报刊都分段落，加标点，从著者方面说，在表达的明确上很有帮助；从读者方面说，阅读起来可以便捷不少。可是，练习精读，这样的本子反而把学者的注意力减轻了。既已分了段落，加了标点，就随便看下去，不再问为什么要这样分，这样点，这是人之常情。在这种常情里，恰恰错过了很重要的练习机会。若要不放过这个机会，唯有令学生用一种只有文字的本子去预习，在怎样分段、怎样标点上用一番心思。预习的成绩当然不免有错误，然而不足为病。除了错误以外，凡是不错误的地方都是细心咬嚼过来的，这将是终身的受用。

假如用的是现成教本，或者虽用油印教材，而觉得只印文字颇有不便之处，那就只得退一步设法，令学生在预习的时候，对于分段标点作一番考核的功夫。为什么在这里而不在那里分段呢？为什么这里该用逗号而那里该用句号呢？为什么这一句该用惊叹号而不该用疑问号呢？这些问题，必须自求解答，说得出个所以然来。还有，现成教本是编辑员的产品，油印教材大都经教师加过工，"智者千虑，必有一失"，岂能完全没有错误？所以，不妨再令学生注意，不必绝对信赖印出来的教本与教材，最要紧的是用自己的眼光通读下去，看看是不是应该这样分段，这样标点。

要考查这一项预习的成绩怎样，得在上课时候指名通读。全班学生也可以借此对勘，订正自己的错误。读法通常分为两种：一种是吟诵，一种是宣读。无论文言白话，都可以用这两种读法来读。文言的吟诵，各地有各地的调子，彼此并不一致；但是都为了传出文字的情趣，畅发读者的感兴。白话一样可以吟诵，大致与话剧演员念台词差不多，按照国语的语音，在抑扬顿挫表情传神方面多多用功夫，使听者移情动容。现在有些小学校里吟诵白话与吟诵文言差不多，那是把"读"字呆看了。吟诵白话必须按照国语的语音，国语的语音运用得到家，才是白话的最好的吟诵。至于宣读，只是依照对于文字的理解，平正地读下去，用连贯与间歇表示出句子的组织与前句和后句的分界来。这两种读法，宣读是基本的一种；必须理解在先，然后谈得到传出情趣与畅发感兴。并且，要考查学生对于文字理解与否，听他的宣读是最方便的方法。比如《泷冈阡表》的第一句，假如宣读作"呜呼！唯我皇——考崇公卜——吉于泷冈——之六十年，其子修始——克表于其阡，非——敢缓也，盖有待也。"这就显然可以察出，读者对于"皇考"、"崇公"、"卜吉"、"六十年"与"卜吉于泷冈"的关系，"始"字、"克"字、"表"字及"非"字、"敢"字、"缓"字缀合在一起的作用，都没有理解。所以，上课时候指名通读，应该用宣读法。

二、认识生字生语

通读全文，在知道文章的大概；可是要能够通读下去没有错误，非先把每一个生字生语弄清楚不可。在一篇文章里，认为生字生语的，各人未必一致，只有各自挑选出来，依赖字典词典的翻检，得到相当的认识。所谓认识，应该把它解作最广义。仅仅知道生字生语的读音与解释，还不能算充分认识；必须熟习它的用例，知道它在某一种场合才可以用，用在另一种场合就不对了，这才真个认识了。说到字典词典，我们真惭愧，国文教学的受重视至少有二十年了，可是还没有一本适合学生使用的字典词典出世。现在所有的，字典脱不了《康熙字典》的窠臼，词典还是《辞源》称霸，对学习国文的学生都不很相宜。通常英文字典有所谓"求解""作文"两用的，学生学习国文，正需要这一类的国文字典词典。一方面知道解释，另一方面更知道该怎么使用，这才使翻检者对于生字生语具有彻底的认识。没有这样的字典词典，学生预习效率就不会很大。但是，使用不完善的工具总比不使用工具强一点；目前既没有更适用的，就只得把属于《康熙字典》系统的字典与称霸当世的《辞源》将就应用。这当儿，教师不得不多费一点心思，指导学生收集用例，或者搜集了若干用例给学生，使学生自己去发现生字生语的正当用法。

　　学生预习，通行写笔记，而生字生语的解释往往在笔记里占大部分篇幅。这原是好事情，记录下来，印象自然深一层，并且可以备往后的考查。但是，学生也有不明白写笔记的用意的；他们因为教师要他们交笔记，所以不得不写笔记。于是，有胡乱抄了几条字典词典的解释就此了事的；有遗漏了真该特别注意的字语而仅就寻常字语解释一下拿来充数的。前者胡乱抄录，未必就是那个字语在本文里的确切意义；后者随意挑选，把应该注意的反而放过了；这对于全文的理解都没有什么帮助。这样的笔记交到教师手里,教师辛辛苦苦地把它看过,还要提起笔来替它订正,实际上对学生没有多大益处,因为学生并没有真预习。所以,须在平时使学生养成一种观念与习惯,就是:生字生语必须依据本文,寻求那个字语的确切意义;又必须依据与本文相类和不相类的若干例子,发现那个字语的正当用法。至于生字生语的挑选,为了防止学生或许会有遗漏,不妨由教师先行尽量提示,指明这一些字语是必须弄清楚的。这样,学生预习才不至于是徒劳,写下来的笔记也不至于是循例的具文。

要考查学生对于生字生语的认识程度怎样,可以看他的笔记,也可以听他的口头回答。比如《泷冈阡表》第一句里"始克表于其阡"的"克"字,如果解作"克服"或"克制",那显然是没有照顾本文,随便从字典里取了一个解释。如果解作"能够",那就与本文切合了,可见是用了一番心思的。但是还得进一步研求:"克"既然作"能够"解,"始克表于其阡"可不可以写作"始能表于其阡"呢?对于这个问题,如果仅凭直觉回答说,"意思也一样,不过有点不顺适",那是不够的。这须得研究"克"和"能"的同和异。在古代,"克"与"能"用法是一样的,后来渐渐分化了,"能"字被认为常用字,直到如今;"克"字成为古字,在通常表示"能够"意义的场合就不大用它。在文句里面,丢开常用字不用,而特地用那同义的古字,除了表示相当意义以外,往往还带着郑重、庄严、虔敬等等情味。"始克表于其阡"一语,用了"能"字的同义古字"克"字,见得作者对于"表于其阡"

的事情看得非常郑重，不敢随便着手，这正与全文的情味相应。若作"始能表于其阡"，就没有那种情味，仅仅表明方始"能够"表于其阡而已。所以直觉地看，也辨得出它有点不顺适了。再看这一篇里，用"能"字的地方很不少，如"吾何恃而能自守邪"，"然知汝父之能养也"，"吾不能知汝之必有立"，"故能详也"，"吾儿不能苟合于世"，"汝能安之"。这几个"能"字，作者都不换用"克"字，因为这些语句都是传述母亲的话，无须带着郑重、庄严、虔敬等等情味；并且，用那常用的"能"字，正切近于语言的自然。用这一层来反证，更可以见得"始克表于其阡"的"克"字，如前面所说，是为着它有特别作用才用了的。——像这样的讨究，学生预习时候未必人人都做得来；教师在上课时候说给他们听，也嫌烦琐一点。但是简单扼要地告诉他们，使他们心知其故，还是必需的。

　　学生认识生字生语，往往有模糊笼统的毛病，用句成语来说，就是"不求甚解"。曾见作文本上有"笑颜逐开"四字，这显然是没有弄清楚"笑逐颜开"究竟是什么意义，只知道在说到欢笑的地方仿佛有这么四个字可以用，结果却把"逐颜"两字写颠倒了。又曾见"万卷空巷"四字，单看这四个字，谁也猜不出是什么意义；但是连着上下文一起看，就知道原来是"万人空巷"；把"人"字忘记了，不得不找一个字来凑数，而"卷"字与"巷"字字形相近，因"巷"字想到"卷"字，就写上了"卷"字。这种错误全由于当初认识的时候太疏忽了，意义不曾辨明，语序不曾念熟，怎得不闹笑话？所以令学生预习，必须使他们不犯模糊笼统的毛病；像初见一个生人一样，一见面就得看清他的形貌，问清他的姓名职业。这样成为习惯，然后每认识一个生字生语，好像积钱似的，多积一个就多加一分财富的总量。

三、解答教师所提示的问题

　　一篇文章，可以从不同的观点去研究它。如作者意念发展的线索，文章的时代背景，技术方面布置与剪裁的匠心，客观上的优点与疵病，这些就是所谓不同的观点。对于每一个观点，都可以提出问题，令学生在预习的时候寻求解答。如果学生能够解答得大致不错，那就真个做到了"精读"两字了——"精读"的"读"字原不是仅指"吟诵"与"宣读"而言的。比较艰深或枝节的问题，估计起来不是学生所必须知道的，当然不必提出。但是，学生应该知道而未必能自行解答的，却不妨预先提出，让他们去动一动天君，查一查可能查到的参考书。他们经过了自己的一番摸索，或者是略有解悟，或者是不得要领，或者是全盘错误，这当儿再来听教师的指导。印入与理解的程度一定比较深切。最坏的情形是指导者与领受者彼此不相应，指导者只认领受者是一个空袋子，不问情由把一些叫作知识的东西装进去。空袋子里装东西进去，还可以容受；完全不接头的头脑里装知识进去，能不能容受却是说不定的。

　　这一项预习的成绩，自然也得写成笔记，以便上课讨论有所依据，往后更可以复按、查考。但是，笔记有敷衍了事的，有精心撰写的。随便从本文里摘出一句或几句话来，就算是"全文大意"与"段落大意"；不赅不备地列几个项目，挂几条线，就算是"表解"；没有说明，仅仅抄录几行文字，就算是"摘录佳句"；这就是敷衍了事的笔记。这种笔记，即使每读一篇文字都做，做上三年六年，实际上还是没有什么好处。所以说，要学生作笔记自然是好的，但是仅仅交得出一本笔记，这只是形式上的事情，要希望收到实效，还不得不督促学生凡作笔记务须精心撰写。所谓精心撰写也不需求其过高过深，只要写下来的东西真是他们自己参考与思索得来的结果，就好了。参考要有路径，思索要有方法，这不单是知识方面的事，而且是习惯方面的事。习惯的养成在教师的训练与指导，学生拿了一篇文章来预习，往往觉得茫然无从下手。教师要训练他们去参考，指导他们去思索，最好给他们一种具体的提示。比如读《泷冈阡表》，这一篇是作者叙述他的父亲，就可以教他们取相类的文章如归有光的《先妣事略》来参考，看两篇的取材与立意上有没有异同；如果有的话，为什么有。又如《泷冈阡表》里有叙述赠封三代的一段文字，好像很啰唆，就可以教他们从全篇的立意上思索，看这一段文字是不是不可少的；如果不可少的话，为什么不可少。这样具体地给他们提示，他们就不至于茫然无从下手，多少总会得到一点成绩。时时这样具体地给他们提示，他们参考与思索的习惯渐渐养成，写下来的笔记再也不会是敷衍了事的了。即使所得的解答完全错误，但是在这以后得到教师或同学的纠正，一定更容易心领神会了。

　　上课时候令学生讨论，由教师作主席、评判人与订正人，这是很通行的办法。但是讨论要进行得有意义，第一要学生在预习的时候准备得充分，如果准备不充分，往往会与虚应故事的集会一样，或是等了好久没有一个人开口，或是有人开口了只说一些无关痛痒的话。教师在无可奈何的情形之下，只得不再要学生发表什么，只得自己一个人滔滔汩汩地讲下去。这就完全不合讨论的宗旨了。第二还得在平时养成学生讨论问题、发表意见的习惯。听取人家的话、评判人家的话，用不多不少的话表白自己的意见，用平心静气的态度比勘自己的与人家的意见，这些都要历练的。如果没有历练，虽然胸中仿佛有一点儿准备，临到讨论是不一定敢于发表的。这种习惯的养成不仅是国文教师的事情，所有教师都得负责。不然，学生成为只能听讲的被动人物，任何功课的进步至少要减少一半。——学生事前既有充分的准备，平时又有讨论的习惯，临到讨论才会人人发表意见，不至于老是某几个人开口；所发表的意见又都切合着问题，不至于胡扯乱说，全不着拍。这样的讨论，在实际的国文教室里似乎还不易见到；然而要做到名副其实的讨论，却非这样不可。

　　讨论进行的当儿，有错误给予纠正，有疏漏给予补充，有疑难给予阐明，虽说全班学生都有份儿，但是最后的责任还在教师方面。教师自当抱着客观的态度，就国文教学应有的观点说话。现在已经规定要读白话了，如果还说白话淡而无味，没有读的必要；或者教师自己偏爱某一体文字，就说除了那一体文字都不值一读；就都未免偏于主观，违背了国文教学应有的观点了。讲起来，滔滔汩汩连续到三十五十分钟，往往不及简单扼要讲这么五分十分钟容易使学生印入得深切。即使教材特别繁复，非滔滔汩汩连续到三十五十分钟不可，也得在发挥完毕的时候，给学生一个简明的提要。学生凭这个提要，再去回味那滔滔汩汩的讲说，就好像有了一条索子，把散开的钱都穿起来了。这种简明的提要，当然要让学生写在笔记本上，尤其重要的是写在他们心上，让他们牢牢记住。

课内指导之后，为求涵咀得深，研讨得熟，不能就此过去，还得有几项事情要做。现在请把学生应做的练习工作分项说明如下。

一、吟诵

在教室内通读，该用宣读法，前面已经说过。讨究完毕以后，学生对文章的细微曲折之处都弄清楚了，就不妨指名吟诵。或者先由教师吟诵，再令学生仿读。自修的时候，尤其应该吟诵；只要声音低一点，不妨碍他人的自修。原来国文和英文一样，是语文学科，不该只用心与眼来学习；须在心与眼之外，加用口与耳才好。吟诵就是心、眼、口、耳并用的一种学习方法。从前人读书，多数不注重内容与理法的讨究，单在吟诵上用功夫，这自然不是好办法。现在国文教学，在内容与理法的讨究上比从前注重多了；可是学生吟诵的功夫太少，多数只是看看而已。这又是偏向了一面，丢开了一面。唯有不忽略讨究，也不忽略吟诵，那才全而不偏。吟诵的时候，对于讨究所得的不仅理智地了解，而且亲切地体会，不知不觉之间，内容与理法化而为读者自己的东西了，这是最可贵的一种境界。学习语文学科，必须达到这种境界，才会终身受用不尽。

一般的见解，往往以为文言可以吟诵，白话就没有吟诵的必要。这是不对的。只要看戏剧学校与认真演习的话剧团体，他们练习一句台词，不惜反复订正，再三念诵，就可以知道白话的吟诵也大有讲究。多数学生写的白话为什么看起来还过得去，读起来就少有生气呢？原因就在他们对于白话仅用了心与眼，而没有在口与耳方面多用功夫。多数学生登台演说，为什么有时意思还不错，可是语句往往杂乱无次，语调往往不合要求呢？原因就在平时对于语言既没有训练，国文课内对于白话又没有好好儿吟诵，所以这里要特别提出，白话是与文言一样需要吟诵的。白话与文言都是语文，要亲切地体会白话与文言的种种方面，都必须花一番功夫去吟诵。

吟诵的语调，有客观的规律，语调的差别，不外乎高低、强弱、缓急三类。高低是从声带的张弛而来的分别。强弱是从肺部发出空气的多少而来的分别。缓急是声音与时间的关系，在一段时间内，发音数少是缓，发音数多就是急。吟诵一篇文章，无非依据对于文章的了解与体会，错综地使用这三类语调而已。大概文句之中的特别主眼，或是前后的词彼此关联照应的，发声都得高一点。就一句来说，如意义未完的文句，命令或呼叫的文句，疑问或惊讶的文句，都得前低后高。意义完足的文句，祈求或感激的文句，都得前高后低。再说强弱。表示悲壮、快活、叱责或慷慨的文句，句的头部宜加强。表示不平、热诚或确信的文句，句的尾部宜加强。表示庄重、满足或优美的文句，句的中部宜加强。再说缓急。含有庄重、畏敬、谨慎、沈郁、悲哀、仁慈、疑惑等等情味的文句，须得缓读。含有快活、确信、愤怒、惊愕、恐怖、怨恨等等情味的文句，须得急读。以上这些规律，都应合着文字所表达的意义与情感，所以依照规律吟诵，最合于语言的自然。上面所说的三类声调，可以用符号来表示，如把"•"作为这个字发声须高一点的符号，把"◁"作为这一句该前低后高的符号，把"△"作为这一句该前高后低的符号，把">"作为句的头部宜加强的符号，把"<"作为句的尾部宜加强的符号，把"〈〉"作为句的中部宜加强的符号，把"—"作为急读的符号，把"——"作为缓读的符号，把"～～"作为不但缓读而且须摇曳生姿的符号。在文字上记上符号，练习吟诵就不罕于漫无凭依。符号当然可以随意规定，多少也没有限制，但是应用符号总是对教学有帮助的。

　　吟诵第一求其合于规律，第二求其通体纯熟。从前书塾里读书，学生为了要早一点到教师跟前去背诵，往往把字句勉强记住。这样强记的办法是要不得的，不久连字句都忘记了，还哪里说得上体会？令学生吟诵，要使他们看作一种享受而不看作一种负担。一遍比一遍读来入调，一遍比一遍体会亲切，并不希望早一点能够背诵，而自然达到纯熟的境界。抱着这样享受的态度是吟诵最易得益的途径。

二、参读相关的文章

　　精读文章，每学年至多不过六七十篇。初中三年，所读仅有两百篇光景，再加上高中三年，也只有四百篇罢了。倘若死守着这几百篇文章，不用旁的文章来比勘，印证，就难免化不开来，难免知其一不知其二。所以，精读文章，只能把它认作例子与出发点；既已熟习了例子，占定了出发点，就得推广开来，阅读略读书籍，参读相关文章。这里不谈略读书籍，单说所谓相关文章。比如读了某一体文章，而某一体文章很多，手法未必一样，大同之中不能没有小异；必须多多接触，方能普遍领会某一体文章的各方面。或者手法相同，而相同之中不能没有个优劣得失；必须多多比较，方能进一步领会优劣得失的所以然。并且，课内精读文章是用细琢细磨的功夫来研讨的；而阅读的练习，不但求其理解明确，还须求其下手敏捷，老是这样细磨细琢，一篇文章研讨到三四个钟头，是不行的。参读相关文章就可以在敏捷上历练；能够花一两个钟头把一篇文章弄清楚固然好，更敏捷一点只花半个钟头一个钟头尤其好。参读的文章既与精读文章相关，怎样剖析，怎样处理，已经在课内受到了训练，求其敏捷当然是可能的。这种相关文章可以从古今"类选""类纂"一类的书本里去找。学生不能自己置备，学校的图书室不妨多多陈列，供给学生随时参读。

请再说另一种意义的相关文章。夏丏尊先生在一篇说给中学生听的题目叫作《阅读什么》的演讲辞里，有以下的话：

诸君在国文教科书里读到了一篇陶潜的《桃花源记》，……这篇文字是晋朝人做的，如果诸君觉得和别时代人所写的情味有些两样，要想知道晋代文的情形，就会去翻中国文学史；这时文学史就成了请君的参考书。

这篇文字里所写的是一种乌托邦思想，诸君平日因了师友的指教，知道英国有一位名叫马列斯的社会思想家，写过一本《理想乡消息》，和陶潜所写的性质相近，拿来比较；这时《理想乡消息》就成了诸君的参考书。这篇文字是属于记叙一类的，诸君如果想明白记叙文的格式，去翻看记叙文作法；这时记叙文作法就成了诸君的参考书。

还有，这篇文字的作者叫陶潜，诸君如果想知道他的为人，去翻《晋书·陶潜传》或陶集；这时《晋书》或陶集就成了诸君的参考书。

这一段演讲里的参考书就是这里所谓另一种意义的相关文章。像这样把精读文章作为出发点，向四面八方发展开来，那么，精读了一篇文章，就可以带读许多书，知解与领会的范围将扩张到多么大啊！学问家的广博与精深差不多都从这个途径得来。中学生虽不一定要成学问家，但是这个有利的途径是该让他们去走的。

其次，关于语调与语文法的揣摩，都是愈熟愈好。精读文章既已到了纯熟的地步，再取语调与语文法相类似的文章来阅读，纯熟的程度自然更进一步。小孩子学说话，能够渐渐纯熟而没有错误，不单是从父母方面学来的；他从所有接触的人方面去学习，才会成功。在精读文章以外，再令读一些相类似的文章，比之于小孩子学说话，就是要他们从所有接触的人方面去学习。

三、应对教师的考问

学生应对考问是很通常的事情，但是对于应对考问的态度未必一致。有尽其所知所能，认真应对的；有不负责任，敷衍应对的；有提心吊胆，战战兢兢地只着眼于分数的多少的。以上几种态度，自然第一种最可取。把所知所能尽量拿出来，教师就有了确实的凭据，知道哪一方面已经可以了，哪一方面还得督促。考问之后，教师按成绩记下分数；分数原是备稽考的，分数多不是奖励，分数少也不是惩罚，分数少到不及格。那就是学习成绩太差，非赶紧努力不可。这一层，学生必须明白认识。否则误认努力学习只是为了分数，把切己的事情看作身外的事情，就是根本观念错误了。

教师记下了分数，当然不是指导的终结，而是加工的开始。对于不及格的学生，尤须设法给他们个别的帮助。分数少一点本来没有什么要紧；但是分数少正表明学习成绩差，这是热诚的教师所放心不下的。

考查的方法很多，如背诵、默写、简缩、扩大、摘举大意、分段述要、说明作法、述说印象，也举不尽许多。这里不想逐项细说，只说一个消极的原则，就是：不足以看出学生学习成绩的考问方法最好不要用。比如教了《泷冈阡表》之后，考问学生说，"欧阳修的父亲做过什么官？"这就是个不很有意义的考问。文章里明明写着"为道州判官，泗绵二州推官，又为泰州判官"，学生精读了一阵，连这一点也不记得，还说得上精读吗？学生回答得出这样的问题，也无从看出他的学习成绩好到怎样。所以说它不很有意义。

考问往往在精读一篇文章完毕或者月考期考的时候举行；除此之外，通常不再顾及，一篇文章讨究完毕就交代过去了。这似乎不很妥当。从前书塾里读书，既要知新，又要温故，在学习的过程中，匀出一段时间来温理以前读过的，这是个很好的办法。现在教学国文，应该采取它。在精读几篇文章之后，且不要上新的；把以前读过的温理一下，回味那已有的了解与体会，更寻求那新生的了解与体会，效益绝不会比上一篇新的来得少。这一点很值得注意，所以附带在这里说一说。

1940年9月17日作

略读的指导

——《略读指导举隅》前言

　　国文教学的目标,在养成阅读书籍的习惯,培植欣赏文学的能力,训练写作文字的技能。这些事不能凭空着手,都得有所凭借。凭借什么?就是课本或选文。有了课本或选文,然后养成、培植、训练的工作得以着手。课本里所收的,选文中入选的,都是单篇短什,没有长篇巨著,这并不是说学生读了一些单篇短什就足够了,只因单篇短什分量不多,要做细磨细琢的研读功夫,正宜从此入手,一篇读毕,又读一篇,涉及的方面既不嫌偏颇,阅读的兴趣也不致单调;所以取作"精读"的教材,学生从精读方面得到种种经验,应用这些经验,自己去读长篇巨著以及其他的单篇短什,不再需要教师的详细指导,这就是"略读"。就教学而言,精读是主体,略读只是补充;但是就效果而言,精读是准备,略读才是应用。学生在校的时候,为了需要与兴趣,须在课本或选文以外阅读旁的书籍文章;他日出校之后,为了需要与兴趣,一辈子须阅读各种书籍文章；这种阅读都是所谓应用。使学生在这方面打定根基，养成习惯，全在国文课的略读。如果只注意于精读，而忽略了略读，功夫便只做得一半。其弊害是想象得到的，学生遇到需要阅读的书籍文章，也许会因没有教师在旁作精读那样的详细指导，而致无所措手。现在一般学校，忽略了略读的似乎不少，这是必须改正的。

略读不再需要教师的详细指导，并不等于说不需要教师的指导。各种学科的教学都一样，无非教师帮着学生学习的一串过程。略读是国文课程标准里面规定的正项工作，哪有不需要教师指导之理？不过略读指导与精读指导不同。精读指导必须纤屑不遗，发挥净尽；略读指导却需提纲挈领，期其自得。何以需提纲挈领？唯恐学生对于当前的书籍文章摸不到门径，辨不清路向，马马虎虎读下去，结果所得很少。何以不必纤屑不遗？因为这一套功夫在精读方面已经训练过了，照理说，该能应用于任何时候的阅读；现在让学生在略读时候应用，正是练习的好机会。学生从精读而略读，譬如孩子学走路，起初由大人扶着牵着，渐渐地大人把手放了，只在旁边遮拦着，替他规定路向，防他偶或跌跤。大人在旁边遮拦着，正与扶着牵着一样的需要当心；其目的唯在孩子步履纯熟，能够自由走路。精读的时候，教师给学生纤屑不遗的指导，略读的时候，更给学生提纲挈领的指导，其目的唯在学生习惯养成，能够自由阅读。

仅仅对学生说，你们随便去找一些书籍文章来读，读得越多越好；这当然算不得略读指导。就是斟酌周详，开列个适当的书目篇目，教学生自己照着去阅读，也还算不得略读指导。因为开列目录只是阅读以前的事；在阅读一事的本身，教师没有给一点儿帮助，就等于没有指导。略读如果只任学生自己去着手，而不给他们一点儿指导，很容易使学生在观念上发生误会，以为略读只是"粗略的"阅读，甚而至于是"忽略的"阅读；而在实际上，他们也就"粗略的"甚而至于"忽略的"阅读，就此了事。这是非常要不得的，积久养成不良习惯，就终身不能从阅读方面得到多大的实益。略读的"略"字，一半系就教师的指导而言：还是要指导，但是只须提纲挈领，不必纤屑不遗，所以叫作"略"。一半系就学生的功夫而言：还是要像精读那样仔细咀嚼，但是精读时候出于努力钻研，从困勉达到解悟，略读时候却已熟能生巧，不需多用心力，自会随机肆应，所以叫作"略"。无论教师与学生都须认清楚这个意思，在实践方面又须各如其分，做得到家，略读一事才会收到它预期的效果。

略读既须由教师指导，自宜与精读一样，全班学生用同一的教材。假如一班学生同时略读几种书籍，教师就不便在课内指导；指导了略读某种书籍的一部分学生，必致抛荒了略读别种书籍的另一部分学生；各部分轮流指导固也可以，但是每周略读指导的时间至多也只能有两小时，各部分轮流下来，必致每部分都非常简略。况且同学间的共同讨论是很有帮助于阅读能力的长进的，也必须阅读同一的书籍才便于共同讨论。一个学期中间，为求精详周到起见，略读书籍的数量不宜太多，大约有二三种也就可以了。好在略读与精读一样，选定一些教材来读，无非"举一隅"的性质,都希望学生从此学得方法,养成习惯,自己去"以三隅反";故数量虽少,并不妨事。学生如果在略读教材之外,更就兴趣选读旁的书籍,那自然是值得奖励的;并且希望能够普遍地这么做。或许有人要说,略读同一的教材,似乎不能顾到全班学生的能力与兴趣。其实这不成问题。精读可以用同一的教材,为什么略读就不能?班级制度的一切办法,总之以中材为标准;凡是忠于职务,深知学生的教师,必能选取适合于中材的教材,供学生略读;这就没有能力够不够的问题。同时,所取教材必能不但适应学生的一般兴趣,并且切合教育的中心意义;这就没有兴趣合不合的问题。所以,略读同一的教材是无弊的,只要教师能够忠于职务,能够深知学生。

　　课内略读指导,包括阅读以前对于选定教材的阅读方法的提示,及阅读以后对于阅读结果的报告与讨论。作报告与讨论的虽是学生,但是审核他们的报告,主持他们的讨论,仍是教师的事;其间自不免有需要订正与补充的地方,所以还是指导。略读教材若是整部的书,每一堂略读课内令学生报告并讨论阅读那部书某一部分的实际经验;待全书读毕,然后令作关于全书的总报告与总讨论。至于实际阅读,当然在课外。学生课外时间有限,能够用来自修的,每天至多不过四小时。在这四小时内,除了温理旁的功课,作旁的功课的练习与笔记外,分配到国文课的自修的,至多也不过一小时。一小时够少了,而精读方面也得自修、预习、复习、诵读、练习,这些都是非做不可的;故每天的略读时间至多只能有半小时。每天半小时,一周便是三小时

（除去星期放假）。每学期上课时间以二十周计，略读时间仅有六十小时，在这六十小时内，如前面所说的，要阅读二三种书籍，篇幅太多的自不相宜；如果选定的书正是篇幅太多的，那只得删去若干，选读它的一部分，不然分量太多，时间不够，学生阅读势必粗略，甚而至于忽略或者有始无终，没有读到完篇就丢开；这就会养成不良习惯，为终身之累。所以漫无计算是要不得的。与其贪多务广，以致发生流弊，不如预作精密估计，务使在短少时间之内把指定的教材读完，而且把应做的工作都做到家，绝不草率从事，借此养成阅读的优良习惯，来得有益得多。学生有个很长的暑假，又有个相当长的寒假；在这两个假期内，可以自由阅读很多的书。如果略读时候养成了优良习惯，到暑假寒假期间，各就自己的需要与兴趣去多多阅读，那一定比不经略读的训练多得吸收的实效。归结起来说，就是：略读的分量不宜过多，必须顾到学生能用上的时间；多多阅读固宜奖励，但是得为时间所许可，故以利用暑假寒假最为适当。

书籍的性质不一，因而略读指导的方法也不能一概而论。就一般说，在阅读以前应该指导的有以下各项。

一、版本指导

一种书往往有许多版本。从前是木刻，现在是排印。在初刻初排的时候或许就有了错误，随后几经重刻重排，又不免辗转发生错误；

也有逐渐的增补或订正。读者读一本书，总希望得到最合于原稿的，或最为作者自己惬意的本子；因为唯有读这样的本子才可以完全窥见作者的思想感情，没有一点儿含糊。学生所见不广，刚与一种书接触，当然不会知道哪种本子较好；这须待教师给他们指导。现在求书不易，有书可读便是幸事，更谈不到取得较好的本子，正唯如此，这种指导更不可少；哪种本子校勘最精审，哪种本子是作者的最后修订稿，都得给他们说明，使他们遇到那些本子的时候，可以取来复按，对比。还有，这些书经各家的批评或注释，每一家的批评或注释自成一种本子，这中间也就有了优劣得失的分别。其需要指导，理由与前说相同。总之，这方面的指导，宜运用校勘家、目录家的知识，而以国文教学的观点来范围它。学生受了这样的熏陶，将来读书不但知道求好书，并且能够抉择好本子，那是受用无穷的。

二、序目指导

读书先看序文，是一种好习惯。学生拿到一部书，往往立刻看本文，或者挑中间有趣味的部分来看，对于序文，认为与本文没有关系似的；这是因为不知道序文很重要的缘故。序文的性质常常是全书的提要或批评，先看一遍，至少对于全书有个概括的印象或衡量的标准；然后阅读全书，就不至于茫无头绪。通常读书，其提要或批评不在本书而在旁的地方的，尚且要找来先看；对于具有提要或批评的性质的本书序文，怎能忽略过去？所以在略读的时候，必须教学生先看序文，养成他们的习惯。序文的重要程度，各书并不一致。属于作者的序文，若是说明本书的作意、取材、组织等项的，那无异于"编辑大意""编辑例言"，借此可以知道本书的规模，自属非常重要。有些作者在本文之前作一篇较长的序文，其内容并不是本文的提要，却是阅读本文的准备知识，犹如津梁或门径，必须通过这一关才可以涉及本文；那就是"导言"的性质，重要程度也高。属于编订者或作者师友所作的序文，若是说明编订的方法，抉出全书的要旨，评论全书的得失的，都与了解全书直接有关，重要也不在上面所说的作者自序之下。无论作者自作或他人所作的序文，有些仅仅叙一点因缘，说一点感想，与全书内容关涉很少；那种序文的本身也许是一篇好文字，对于读者就比较不重要了。至于他人所作的序文，有专事赞扬而过了分寸的，有很想发挥而不得要领的；那种序文实际上很不少，诗文集中尤其多，简直可以不必看。教师指导，要教学生先看序文，更要审查序文的重要程度，与以相当的提示，使他们知道注意之点与需要注意力的多少。若是无关紧要的序文，自然不教他们看，以免浪费时力。

　　目录表示本书的眉目，也具有提要的性质。所以也须养成学生先看目录的习惯。有些书籍，固然须顺次读下去，不读第一卷就无从着手第二卷。有些书籍却不然，全书分做许多部分，各部分自为起讫，其前后排列或仅大概以类相从，或仅依据撰作的年月，或竟完全出于编排时候的偶然；对于那样的书籍，就不必顺次读下去；可以打乱全书的次第，把有关某一方面的各卷各篇聚在一起读，读过以后，再把有关其他方面的各卷各篇聚在一起读，或许更比顺次读下去方便且有效得多。要把有关的各卷各篇聚在一起，就更有先看目录的必要。又如选定教材若是长篇小说，假定是《水浒》，因为分量太多，时间不够，不能通体略读，只好选读它的一部分，如写林冲或武松的几回。要知道哪几回是写林冲或武松的，也得先看目录。又如选定教材的篇目若是非常简略，而其书又适宜于不按照次第来读的，假定是《孟子》，那就在篇目之外，最好先看赵岐的"章指"。"章指"并不编列在目录的地位；用心的读者不妨抄录二百几十章的"章指"，当它是个详细的目录提要。有了这样详细的目录提要，因阅读的目标不同，就可以把二百几十章作种种的组合，为某一目标取某一组合来精心钻研。目录的作用当然还有，时以类推，不再详说。教师指导的时候，务须相机提示，使学生能够充分利用目录。

三、参考书籍指导

参考书籍，包括关于文字的音义，典故成语的来历等所谓工具书，以及与所读书有关的必须借彼而后明此的那些书籍。从小的方面说，阅读一书而求其彻底了解，从大的方面说，做一种专门研究，要从古今人许多经验中得到一种新的发现，一种系统的知识，都必须广博地翻检参考书籍。一般学生读书，往往连字典词典也懒得翻，更不用说跑进图书室去查阅有关书籍了。这种"读书不求甚解"的态度，一时未尝不可马虎过去；但是这就成了终身的病根，将不能从阅读方面得到多大益处；若做专门研究工作，更难有满意的成就。所以，利用参考书籍的习惯，必须在学习国文的时候养成。精读方面要多多参考，略读方面还是要多多参考。起初，学生必嫌麻烦，这要翻检，那要搜寻，不如直捷读下去来得爽快；但是渐渐成了习惯，就觉得必须这样多多参考，才可以透彻地了解所读的书，其味道的深长远胜于"不求甚解"；那时候，让他们"不求甚解"也不愿意了。

　　国文课内指导参考书籍，当然不能如专家做研究工作一样，搜罗务求广博，凡有一语一条用得到的材料都舍不得放弃，开列个很长的书目。第一，需顾到学生的能力。参考书籍用来帮助理解本书，若比本书艰深，非学生能力所能利用，虽属重要，也只得放弃。譬如阅读某一书，须做关于史事的参考，与其教学生查《二十四史》，不如教他们翻一部近人所编的通史；再退一步，不如教他们看他们所读的历史课本。因为通史与历史课本的编辑方法适合于他们的理解能力；而《二十四史》本身还只是一堆材料，要在短时期间从中得到关于一件史事的概要，事实上不可能。曾见一些热心的教师给学生开参考书目，把自己所知道的，巨细不遗，逐一开列，结果是洋洋大观，学生见了唯有望洋兴叹；有些学生果真去按目参考，又大半不能理解，有参考之名，无参考之实。这就是以教师自己为本位，忽略了学生能力的弊病。第二，须顾到图书室的设备。教师提示的书籍，学生从图书室立刻可以检到，既不耽误功夫，且易引起兴趣。如果那参考书的确必要，又为学生的能力所能利用，而图书室没有，学生只能以记忆书名了事；那就在阅读上短少了一分努力，在训练上错过了一个机会。因此，消极的办法，教师提示参考书籍，应以图书室所具备的为限；积极的办法，就得促图书室有计划地采购图书——各科至少有最低限度的必要参考书籍，国文科方面当然要有它的一份。这件事很值得提倡。现在一般学校，不是因经费不足，很少买书，就是因偶然的机缘与教师的嗜好，随便买书；有计划地为供学生参考而采购的，似乎还不多见。还有个补救的办法，图书室没有那种书籍，而地方图书馆或私家藏书却有，教师不妨指引学生去借来参考。

图书室购备参考书籍，即使有复本，也不过两三本；一班学生同时要拿来参考，势必争先恐后，后拿到手的，已经浪费了许多时间，为解除这种困难，可以用分组参考的办法：假定阅读某种书籍需要参考四部书，就分学生为四组，使每组参考一部；或待相当时间之后互相交换，或不再交换，就使每组报告参考所得，以免他组自去参考。

指定了参考书籍，教师的事情并不就此完毕。如果那种书籍的编制方法是学生所不熟悉的，或者分量很多，学生不容易找到所需参考的部分的，教师都得给他们说明或指示。一方面要他们练习参考，一方面又要他们不致茫无头绪，提不起兴趣；唯有如上所说相机帮助他们，才可以做到。

四、阅读方法指导

各种书籍因性质不同，阅读方法也不能一样。但是就一般说，总得像精读时候的阅读那样，就其中的一篇或一章一节，逐句循诵，摘出不了解的处所；然后应用平时阅读的经验，试把那些不了解的处所自求解答；得到了解答，再看注释或参考书，以检验解答得对不对；如果实在无法解答，那就径看注释或参考书。不了解的处所都弄清楚了，又复读一遍，明了全篇或全章全节的大意。最后细读一遍，把应当记忆的记忆起来，把应当体会的体会出来，把应当研究的研究出来。全书的各篇或各章各节，都该照此办法。略读原是用来训练阅读的优良习惯，必须脚踏实地，毫不苟且，才有效益；绝不能让学生胡乱读过一遍就算。唯有开始脚踏实地，毫不苟且，到习惯既成之后才会"过目不忘"，"展卷自得"。若开始就草草从事，说不定将一辈子"过目辄忘"，"展卷而无所得"了。还有一层，略读既是国文功课方面的工作，无论阅读何种书籍，都宜抱着研究国文的态度。平常读一本数学课本，不研究它的说明如何正确；读一本史地课本，也不研究它的叙述如何精当。数学课本与史地课本原可以在写作技术方面加以研究；因作者的造诣不同，同样是数学课本与史地课本，其正确与精当的程度实际上确也大有高下。但是在学习数学、学习史地的立场，自不必研究那些；如果研究那些，便转移到学习国文的立场，抱着研究国文的态度了。其他功课的阅读都只需顾到书籍的内容，国文功课训练阅读，独需内容形式兼顾，并且不把内容形式分开来研究，而认为不可分割的两方面；经过了国文功课方面的训练，再去阅读其他功课的书籍，眼力自也增高。认清了这一层，对于选定的略读书籍自必一律作写作技术的研究。被选的书总有若干长处；读者不仅在记得那些长处，尤其重要的在能看出为什么会有那些长处。同时不免或多或少有些短处；读者也须能随时发现，说明它的所以然，这才可以做到读书而不为书所蔽。一这一层也是就一般说的。

现在再分类来说，有些书籍，阅读它的目的在从中吸收知识，增加自身的经验；那就须运用思考与判断，认清全书的要点，不歪曲也不遗漏，才得如愿。若不能抉择书中的重要部分，认不清全书的要点，或忽略了重要部分，却把心思用在枝节上，所得结果就很少用处。要使书中的知识化为自身的经验，自必从记忆入手；记忆的对象若是阅读之后看出来的要点，因它条理清楚，印入自较容易。若不管重要与否，而把全部平均记忆，甚至以全部文句为记忆的对象，那就没有纲领可凭，徒增不少的负担，结果可能全部都达不到记忆的目的。所以死用记忆绝不是办法，漫不经心地读着读着，即使读到烂熟，也很难有心得；必须随时运用思考与判断，接着择要记忆，才合于阅读这一类书籍的方法。

又如小说或剧本，一般读者往往只注意它的故事；故事变化曲折，就感到兴趣，读过以后，也只记住它的故事。其实凡是好的小说和剧本，故事仅是迹象；凭着那迹象，作者发挥他的人生经验或社会批判，那些才是精魂。阅读小说或剧本而只注意它的故事，专取迹象，抛弃精魂，决非正当方法。在国文课内，要培植欣赏文学的能力，尤其不应如此。精魂就寄托在迹象之中，对于故事自不可忽略；但是故事的变化曲折所以如此而不如彼，都与作者发挥他的人生经验和社会批判有关，这一层更须注意。初学者还没有素养，一时无从着手；全仗教师给他们易晓的暗示与浅明的指导，渐渐引他们入门，穿凿附会固然要不得，粗疏忽略同样要不得。凭着故事的情节，逐一追求作者要说而没有明白说出来的意思，才会与作者的精神相通，才是阅读这一类书籍的正当方法。有些学生喜欢看低级趣味的小说之类，教他们不要看，他们虽然答应了，一转身还是偷偷地看。这由于没有学得阅读这类书籍的方法，注意力仅仅集中在故事上的缘故。他们如果得到适当的暗示与指导，渐渐有了素养，就会觉得低级趣味的小说之类在故事之外没有东西，经不起咀嚼；不待他人禁戒，自然就不喜欢看了。——这可以说是消极方面的效益。

又如诗集，若是个人的专集，按写作年月，顺次看诗人意境的扩大或转换，风格的确立或变易，是一种读法。按题材归类，看诗人对于某一题材如何立意，如何发抒，又是一种读法。按体式归类，比较诗人对于某一类体式最能运用如意，倾吐诗心，又是一种读法。以上都是分析研究方面的事，而文学这东西，尤其是诗歌，不但要分析地研究，还得要综合地感受。所谓感受，就是读者的心与诗人的心起了共鸣，仿佛诗人说的正是读者自己的话，诗人宣泄的正是读者自己的情感似的。阅读诗歌的最大受用在此。通常说诗歌足以陶冶性情，就因为深美玄妙的诗歌能使读者与诗人同其怀抱。但是这种受用不是没有素养的人所能得到的；素养不会凭空而至，还得从分析的研究入手。研究愈精，理解愈多，才见得纸面的文字——是诗人心情动荡的表现；读它的时候，心情也起了动荡，几乎分不清那诗是诗人的还是读者自己的。所读的若是总集，也可应用类似前说的方法，发现各代诗人取材的异同，风格的演变，比较各家各派意境的浅深，抒写的技巧；探讨各种体式如何与内容相应，如何去旧而谋新：这些都是研究的事，唯有经过这样研究，才可以享受诗歌。我国历代诗歌的产量极为丰富；读诗一事，在知识分子中间差不多是普遍的嗜好。但是就一般说，因为研究不精，感受不深，往往不很了然什么是诗。无论读和写，几乎都认为凡是五字一句，七字一句，而又押韵的文字便是诗；最近二十年通行了新体诗，又都认为凡是分行写的白话便是诗。连什么是诗都不能了然，哪里还谈得到享受？更哪里谈得到写作？中学生固然不必写诗，但是有享受诗的权利；要使他们真能享受诗，自非在国文课内认真指导不可。

又如古书，阅读它而要得到真切的了解，必须明了古人所处的环境与所怀的抱负。陈寅恪先生作审查一本中国哲学史的报告，中间说："古人著书立说，皆有所为而发；故其所处之环境，所受之背景，非完全明了，则其学说不易评论。而古代哲学家去今数千年，其时代之真相极难推知。吾人今日可依据之材料，仅为当时所遗存最小之一部；

欲借此残余断片以窥测其全部结构，必须备艺术家欣赏古代绘画雕刻之眼光及精神，然后古人立说之用意与对象始可以真了解。所谓真了解者，必神游冥想，与立说之古人处于同一境界，而对于其持论所以不得不如是之苦心孤诣，表一种之同情，始能批评其学说之是非得失，而无隔阂肤廓之论。否则数千年前之陈言旧说，与今日之情势迥殊，何一不可以可笑可怪目之乎？"这里说的是专家研究古代哲学应持的态度，并不为中学生而言；要达到这种境界，必须有很深的修养与学识，一般知识分子尚且不易做到，何况中学生？但是指导中学生阅读古书，不可不酌取这样的意思，以正他们的趋向——尽浅不妨，只要趋正，将来可以渐求深造。否则学生必致辨不清古人的是非得失，或者一味盲从古人，成个不通的"新顽固"，或者一味抹杀古人，骂古人可笑可怪，成个浅薄的妄人。这岂是教他们阅读古书的初意？所谓尽浅不妨，意思是就学生所能领会的，给他们适当的指导。如读《孟子·许行章》"或劳心，或劳力；劳心者治人，劳力者治于人；治于人者食人，治人者食于人；天下之通义也。"一节，若以孟子这个话为天经地义，而说从前君主时代竭尽天下的人力物力以供奉君主是合理的，现代的民权思想与民主政治是要不得的；这便是糊涂头脑。若以孟子这个话为胡言乱语，而说后代劳心者与劳力者分成两个阶级，劳心阶级地位优越，劳力阶级不得抬头，都是孟子的遗毒；这也是偏激之论。要知道孟子这一章在驳许行的君臣并耕之说，他所持的论据是与许行相反的"分工互助"劳力的百工都有专长，劳心的"治人者"也有他的专长，各出专长，分任工作，社会才会治理：这是孟子的政治理想。时代到了战国，社会关系渐趋繁复，许行那种理想当然行不通。孟子看得到这一点，自是他的识力。要怎样才是他理想中的"治人者"？看以下"当尧之时"一大段文字便可明白，就是：像尧舜那样一心为民，干得有成绩，才算合格。这是从他"民为贵"的根本观点而来的；正因"民为贵"，所以为民除疾苦，为民兴教化的人是"治人者"的模范。于此可见他所谓"治人者"至少含有"一心为民，干政治具有专长的人"的意思，并不泛指处在君位的人，如古代的酋长或当时的诸侯。至于"食人""食于人"，在他的意想中，只是表示互助的关系而已，并不含有"注定被掠夺""注定掠夺人家"的意思。——如此看法，大概近于所谓"了解的同情"，与前面说起的糊涂头脑与偏激之论全然异趣。这未必深奥难知，中等才能的高中二三年生也就可以领会。多做类似的指导，学生自不致走入泥古诬古的歪路了。

五、问题指导

无论阅读何种书籍，要把应当记忆的记忆起来，把应当体会的体会出来，把应当研究的研究出来，总得认清几个问题——也可以叫作题目。如读一个人的传记，这个人的学问、事业怎样呢？或读一处地方游记，那地方的自然环境、社会情形怎样呢？都是最浅近的例子。心中存在着这些问题或题目，阅读就有了标的，辨识就有了头绪。又如阅读《爱的教育》，可以提出许多问题或题目：作为书中主人翁的那个小学生安利柯，他的父亲常常勉励他，教训他——父亲希望他成个怎样的人呢？书中写若干小学生，家庭环境不同，品性习惯各异——品性习惯受不受家庭环境的影响呢？书中很有使人感动的地方，为什么能使人感动呢？诸如此类，难以说尽。又如阅读《孟子》，也可以提出许多问题或题目：孟子主张"民为贵"，书中的哪些篇章发挥这个意思呢？孟子的理想中，把政治分为王道的与霸道的两种，两种的区别怎样呢？孟子认为"王政"并不难行，他的论据又是什么呢？诸如此类，难以说尽。这些是比较深一点的。善于读书的人，一边读下去，一边自会提出一些问题或题目来，作为阅读的标的，辨识的头绪，或者初读时候提出一些，重读时候另外又提出一些。教学生略读，当然希望学生也能如此；但是学生习惯未成，功力未到，恐怕他们提不出什么，只随随便便地胡读一阵了事，就有给他们提示问题的必要。对于一部书，可提出的问题或题目，往往如前面说的，难以说尽。提得太深了，学生无力应付；提得太多了，学生又无暇兼顾。因此，宜取学生能力所及的，分量多少又得顾到他们的自修时间。凡所提示的问题或题目，不只教他们"神游冥想"，以求解答；还要让他们利用所有的凭借，就是序目、注释、批评及其他参考书。在教师提示之外，学生如能自己提出，当然大可奖励。但是提得有无价值，得当不得当，还须由教师注意与指导。为养成学生的互助习惯与切磋精神起见，也可分组研究；令每组解答一个问题或题目，到上课时候报告给大家知道，再听同学与教师的批判。

以上说的，都是教师给学生的事前指导。以后就是学生的事情了——按照教师所指导的去阅读，去参考，去研究。在这一段过程中，学生应该随时作笔记。说起笔记，现在一般学生似乎还不很明白它的作用；只因教师吩咐要作笔记，他们就在空白本子上胡乱写上一些文字交卷。这种观念必须纠正。要让他们认清，笔记不是教师向他们要的赋税，而是他们读书学习不能不写的一种记录参考得来的零星材料，临时触发的片段意思，都足以供排比贯穿之用，怎能不记录？极关重要的解释与批评，特别欣赏的几句或一节，就在他日还值得一再检览，怎能不记录？研究有得，成了完整的理解与认识，若不写下来，也许不久又忘了，怎能不记录？这种记录都不为应门面，求分数，讨教师的好；而只为于他们自己有益——必须这么做，他们的读书学习才见得切实。从上面的话看，笔记大概该有两个部分：一部分是碎屑的摘录；一部分是完整的心得——说得堂皇一点，就是"读书报告"或"研究报告"。对于初学，当然不能求其周密深至；但是敷衍塞责的弊病必须从开头就戒除，每抄一条，每写一段，总得让他们说得出个所以然。这样成了习惯，终身写作读书笔记，便将受用无穷，无论应付实务或研究学问，都可以从笔记方面得到许多助益。而在上课讨论的时候，这种笔记就是参加讨论的准备；有了准备，自不致茫然无从开口，或临时信口乱说了。

学生课外阅读之后，在课内报告并讨论阅读一书某一部分的实际经验；待全书读毕，然后作全书的总报告与总讨论，前面已经说过。那时候教师所处的地位与应取的态度，《精读指导举隅》曾经提到，不再多说。现在要说的是成绩考查的事。教师指定一本书教学生阅读，要他们从书中得到何种知识或领会，必须有个预期的标准；那个标准就是判定成绩的根据。完全达到了标准，成绩很好，固然可喜；如果达不到标准，也不能给他们一个不及格的分数就了事，必须研究学生所以达不到标准的原因——是教师自己的指导不完善呢，还是学生的资质上有缺点，学习上有疏漏？——竭力给他们补救或督促，希望他们下一次阅读的成绩比较好，能渐近于标准。一般指导自然愈完善愈好；对于资质较差，学习能力较低的学生的个别指导，尤须有丰富的同情与热诚。总之，教师在指导方面多尽一分力，无论优等的次等的学生必可在阅读方面多得一分成绩。单是考查，给分数，填表格，没有多大意义；为学生的利益而考查，依据考查再打算增进学生的利益，那才是教育家的存心。

以上说的成绩，大概指了解，领会以及研究心得而言。还有一项，就是阅读的速度。处于事务纷繁的现代，读书迟缓，实际上很吃亏；略读既以训练读书为目标，自当要求他们速读，读得快，算是成绩好，不然就差。不用说，阅读必须以精细正确为前提；能精细正确了，是否敏捷迅速却是判定成绩应该注意的。

1941 年 3 月 1 日作

读些什么书

本志这一期出版的时候，读者诸君已经放了寒假了。平时在学校里，因为课程多，各科的练习忙，很少有阅读课外书籍的时间；心里虽然想阅读，可是事实上办不到，很觉得难受。寒假没有暑假那么长，但是也有几个星期，正好用来弥补这个缺憾；就是说，在寒假里应该有头有尾阅读几本书。

阅读什么书呢？读者诸君或许要这样问。我们以为举出一些具体的书来回答，是不很妥当的。第一，这中间或许会掺杂着我们的偏见；第二，不一定适合读者诸君的口味；第三，举出的书，读者诸君未必就弄得到手，因此我们只能提出几个项目，给读者诸君作为选书的参考。

关于各科的参考书是可以选读的。在学校里只读教科书；教科书是各科知识的大纲，详细的项目和精深的阐发，都没有包容进去。例如本国史教科书，对于一代的政治、文化、人情、风俗，至多用几百个字来叙述就完事了；少的时候，只用一句两句话就带过了。单凭那几百个字或一句两句话，固然也可以算知道了历史；但是知道的只是些笼统的概念，或者知其然而不知其所以然，实在不能算知道了历史；如果选一些专讲某代的政治、文化、人情、风俗的参考书来读，由于已经知道了大纲，绝不至于摸不着头脑，而阅读的结果就是明白得详细而且透彻。

关于当前种种问题的书是可以选读的。教科书中大多说些原理原则的话，对于随时遇到的具体问题，或者附带提到，或者简直不说。例如日本是我国的大敌，我国与它作战已经四年半，最近它又发动太平洋大战，与一切民主国家为敌；它的凭借究竟怎样，它那狂妄的欲念怎样才可以扑灭，这些都是我国人亟待解答的具体问题；但是本国史、外国史和外国地理的教科书中，对于这些仅有简略的叙述，没有综合的解答。如果选一些专谈日本问题的书来读，就可以得到许多精确的认识，从精确的认识发而为种种行动，自然会有切实的力量。日本问题只是例子罢了，此外如建国问题、大战后世界秩序问题等等，现代青年都得郑重注意。必须注意当前的问题，青年才能够认识时代；认识了时代，自身才能够参加进去，担负推动时代的任务。

关于修养的书是可以选读的。所谓修养，其目的无非要明了自己与人群的关系，要应用合理的态度和行为来处理一切。修养的发端在于"知"；如果不"知"，种种关系就不会明了，怎样才是合理也无从懂得。修养的完成在于"行"；如果"知"而不"行"，所知就毫无价值。读关于修养的书，假定是《论语》，好比与修养很有功夫的孔子面对面，听他谈一些修养方面的话，在"知"的扩展上是很有益处的。"知"了，又能化而为"行"，那就一辈子受用不尽了。

关于文学的书是可以选读的。文学的对象是人生。文学的特点是把意念形象化，不用抽象的表达。所以读文学可以认识人生，感知人生。

善于读文学的人，他所见的人生一定比不读文学的人来得深广。这当然指上品的文学而言。同样是诗，有优劣的分别；同样是小说，也大有好坏。我们没有这么多的精力和时间来读一切坏的劣等的作品（就是有这么多的精力和时间也无须读那些），自应专选上品的来读。还有，不要以为自己准备学工学农，就无须理会文学。要知道学工学农也是人生；无论是谁，能够接触以人生为对象的文学，是一种最为丰美最有价值的享受。

　　就以上提出的几个项目来选择，至少可以选到三四本书，尽够寒假中阅读了。如果能够认真阅读的话，除了吸收书中的内容而外，阅读和写作的能力也自然会长进。常常有人这样问：要使国文程度长进，该读些什么书？我们的回答是：认真读前面提到的几类书，就可以了；专为要人家长进国文程度而写作的书是没有的。

1942 年 1 月作

读《经典常谈》

学校国文教室的黑板上常常写着如下一类的粉笔字:"三礼:周礼,仪礼,礼记。""三传:公羊传,谷梁传,左传。"学生看了,就抄在笔记簿上。

学期考试与入学考试,国文科常常出如下一类的测验题目:"《史记》何人所作?《资治通鉴》何人所作?""什么叫'四书'?什么叫'四史'?司马相如何代人?杜甫何代人?他们有哪一方面的著作?"与考的学生只消写上人名、书名、朝代名就是。写错了或者写不出当然没有分数。

曾经参观一个中学,高中三年级上"中国文学史"课,用的是某大学的讲义《中国文学史要略》,方讲到隋唐。讲义中提及孔颖达的《五经正义》、杜佑的《通典》、王通的《中说》等,没有记明卷数,教师就一一写在黑板上,让学生一一抄在本子上。在教室里立了大约半点钟,没听见教师开一声口,只看见他写的颇为老练的一些数目字。

书籍名、作者名、作者时代、书籍卷数,不能不说是一种知识。

可是，学生得到了这种知识有什么受用，咱们不妨想一想。参与考试，如果遇到这一类的测验题目，就可以毫不迟疑地答上去，取得极限的分数，这是一种受用。还有呢？似乎没有了。在跟人家谈话的当儿，如果人家问你"什么叫'四史'？"你回答得出就是《史记》《汉书》《后汉书》《三国志》，你的脸上自然也会有一副踌躇满志的神色，可惜实际上谈话时候把这种问题作话题的并不多。

另外一派人不赞成这种办法，说这种办法毫无道理，不能叫学生得到真实的受用。这个话是千真万确的。他们主张，学生必须跟书籍直接打交道，好比朋友似的，你必须跟他混在一块，才可以心心相通，彼此影响，仅仅记住他的尊姓大名，就与没有这个朋友一样。这个话当然也没有错，可是他们所说的书籍范围很广，差不多从前读书人常读的一些书籍，他们主张现在的学生都应该读。而且，他们开起参考书目来就是一大堆，就说《史记》吧，关于考证史事的有若干种，关于评议体例的有若干种，关于鉴赏文笔的有若干种。他们要学生自己去摸索，把从前人走过的路子照样走一遍，结果才认识《史记》的全貌，这儿就有问题了。范围宽广，从前读书人常读一些书籍都拿来读，跟现代的教育宗旨合不合，是问题。每一种书籍都要由学生自己去摸索，时间跟能力够不够，又是问题。这些问题不加注意，徒然苦口婆心地对学生说："你们要读书啊！"其心固然可敬，可是学生还是得不到真实的受用。

现代学生的功课，有些是从前读书人所不做的，如博物、理化、图画、音乐之类。其他的功课，就实质说，虽然就是从前读书人学的那一些，可是书籍不必再用从前人的本子了。一部历史教本就可以摄取历代史籍的大概，经籍子籍的要旨，这自然指编撰得好的而言。现在有没有这样好的教本，那是另一问题。试问为什么要这么办？为的是从前书籍浩如烟海，现代的学生要做的功课多，没有时间一一去读它。为的是现代切用的一些实质，分散在潜藏在各种书籍里，让学生淘金似的去淘，也许淘不着，也许只淘着了一点儿。尤其为的是从前的书籍，在现代人看来，有许多语言文字方面的障碍。先秦古籍更有脱简错简，传抄致误，清代学者校勘的贡献虽然极大，但是否完全恢复了备书的原样，谁也不敢说定。现代学生不能也不应个个劳费精力在训诂校勘上边，是显而易见的。所以，为实质的吸收着想，可以干脆说一句，现代学生不必读从前的书。只要历史教本跟其他学生用书编撰得好，教师和帮助学生的一些人们又指导得法，学生就可以一辈子不读《论语》《庄子》，却能知道孔子、庄子的学说；一辈子不读《史记》《汉书》，却能明晓古代的史迹。

可是，有些书籍的实质和形式是分不开的，你要了解它，享受它，必须面对它本身，涵泳得深，体味得切，才有得益。譬如《诗经》，就不能专取其实质，翻为现代语言，让学生读"白话诗经"。翻译并不是不能做，并且已经有人做过，但到底是另外一回事；真正读《诗经》，还得直接读"关关雎鸠"。又如《史记》，作为历史书，尽可用"历史教本""中国通史"之类来代替；但是它同时又是文学作品，作为文学作品，就不能用"历史教本""中国通史"之类来代替，从这类书里知道了楚汉相争的史迹，并不等于读了《项羽本纪》。我想，要说现代学生应该读些古书，理由应该在这一点上。

还有一点，如朱自清先生在这本《经典常谈》的序文里说的，"在中等以上的教育里，经典训练应该是一个必要的项目。经典训练的价值不在实用，而在文化。有一位外国教授说过，阅读经典的用处，就在教人见识经典一番。这是很明达的议论。再说做一个有相当教育的国民，至少对于本国的经典也有接触的义务。"一些古书，培育着咱们的祖先，咱们跟祖先是一脉相承的，自当尝尝他们的营养料，才不至于无本。若讲实用，似乎是没有，有实用的东西都收纳在各种学科里了；可是有无用之用。这可以打个比方，有些人不怕旅行辛苦，道路几千，跑上峨嵋金顶看日出，或者跑到甘肃敦煌，看石窟寺历代的造像跟壁画。在专讲实用的人看来，他们干的完全没有实用，只有那股傻劲儿倒可以佩服。可是他们从金顶下来，打敦煌回转，胸襟扩大了，眼光深远了，虽然还是各做他们的事儿，却有了一种新的精神。这就是所谓无用之用。读古书读的得其道，也会有类似的无用之用。要说现代学生应该读些古书，这是一个理由。

这儿要注意，"现代学生应该读些古书，万不宜忽略"学生"两字跟一个"些"字。说"学生"，就是说不是专家，其读法不该跟专家的一样（大学里专门研究古书的学生当然不在此限）。说"些"，就是说分量不能多，就是从前读书人常读的一些书籍也不必全读。就阅读的本子说，最好辑录训诂校勘方面简明而可靠的定论，让学生展卷了然，不必在一大堆参考书里自己去摸索。就阅读的范围说，最好根据前边说的两个理由来选定，只要精，不妨小，只要达到让学生见识一番这么个意思就成。这本《经典常谈》的序文里说："我们理想中一般人的经典读本——有些该是全书，有些只该是选本节本——应该尽可能地采取他们的结论；一面将本文分段，仔细地标点，并用白话文作简要的注释。每种读本还得有一篇切实而浅明的话文导言。"现代学生要读些古书，急切需用这样的读本。口口声声嚷着学生应该读书的先生们，似乎最适宜负起责任来，编撰这样的读本。可是他们不干，只是"读书啊！读书啊！"地直嚷；学生实在没法接触古书，他们就把罪名加在学生头上，"你们自己不要好，不爱读书，叫我有什么办法？"我真不懂得他们的所以然。

朱先生的《经典常谈》，却是负起这方面的责任来的一本书，它是一些古书的"切实而浅明的白话文导言"。谁要知道某书是什么，它就告诉你这个什么，看了这本书当然不就是读了古书，可是古书的来历，其中的大要，历来对于该书有什么问题，直到现在为止，对于该书已经研究到什么程度，都可以有个简明的概念。学生如果自己在一大堆参考书里去摸索，费力甚多，所得未必会这么简明。因这本书的导引，去接触古书，就像预先看熟了地图跟地理志，虽然到的是个新地方，却能头头是道。专家们未必看得起这本书，因为"这中间并无编撰者自己的创见，编撰者的工作只是编撰罢了"（序文中语）。但是这本书本来不是写给专家们看的,在需要读些古书的学生,这本书正适合他们的理解能力跟所需分量。尤其是"各篇的讨论,尽量采择近人新说"(序文中语),近人新说当然不单为它"新",而为它是最近研究的结果,比较可作定论,使学生在入门的当儿,便祛除了狭陋跟迂腐的弊病,是大可称美的一点。

这本书所说经典,不专指经籍,是用的"经典"二字的广义,包括群经、先秦诸子、几种史书、一些集部,共十三篇。把目录抄在这儿:《说文解字》第一;《周易》第二;《尚书》第三;《诗经》第四;"三礼"第五;"《春秋》三传"第六(国语附);"四书"第七;《战国策》第八;《史记》《汉书》第九;诸子第十;辞赋第十一;诗第十二;文第十三。前头十一篇都就书讲;末了"诗""文"两篇却只叙述源流,不就书讲,"因为书太多了,没法子一一详论,而集部书的问题也不像经、史、子那样重要,在这儿也无需详论"(序文中语)。

1943 年 6 月 3 日作

书·读书

书是什么？这好像是个愚问，其实应当问。

书是人类经验的仓库。这样回答好像太简单了，其实也够了。

如果人类没有经验，世界上不会有书。人类为了有经验，为了要把经验保存起来，才创造字，才制作书写工具，才发明印刷术，于是世界上有了叫作"书"的那种东西。

历史书，是人类历代生活下来的经验。地理书，是人类对于所居的地球的经验。物理化学书，是人类研究自然原理和物质变化的经验。生物博物书，是人类了解生命现象和动植诸物的经验。——说不尽许多，不再说下去了。

把某一类书集拢来，就是人类某一类经验的总仓库。把所有的书集拢来，就是人类所有经验的总仓库。

人类的经验不一定写成书，那是当然的。人类所有的经验假定它一百分，保存在那叫作"书"的总仓库里的必然不到一百分。写成了书又会遇到磨难，来一回天灾，起一场战祸，就有大批的书毁掉失掉，又得从那不到一百分中间减少几成。

虽然不到一百分，那叫作"书"的总仓库到底是万分可贵的。试想想世界上完全没有书的情形吧。那时候，一个人怀着满腔的经验，只能用口告诉旁人。告诉未必说得尽，除下来的唯有带到棺材里去，就此永远埋没。再就接受经验的一方面说，要有经验，只能自己去历练，否则到处找人请教。如果自己历练不出什么，请教又不得其人，那就一辈子不会有太多的经验，活了一世，始终像个泄了气的皮球，瘪瘪的。以上两种情形多么可惜又可怜啊！有了叫作"书"的仓库，谁的经验都可以收纳进去，谁要经验都可以自由检取，就没有什么可惜又可怜了。虽说不能够百分之百地保存人类所有的经验，到底是一件非常了不起的事情。人类文明发展到如今的地步，可以说，没有叫作"书"的仓库是办不到的。

仓库里藏着各色各样东西，一个人不能完全取来使用。各色各样东西太繁富了，一个人太渺小了，没法完全取来使用，而且实际上没有这个必要。只能把自己需用的一部分取出来，其余的任他藏在仓库里。

同样的情形，一个人不能尽读所有的书。只能把自己需用的一部分读了，其余的不去过问。

仓库里藏着的东西不一定完全是好的，也有霉的，烂的，不合用的。你如果随便取一部分，说不定恰正取了霉的、烂的、不合用的，那就于你毫无益处。所以跑进仓库就得注意拣选，非取那最合用的东西不可。

同样的情形，一个人不能随便读书。古人说"开卷有益"好像不问什么书，你能读它总有好处，这个话应当修正。不错，书中包容的是人类的经验，但是，那经验如果是错误的、过时的，你也接受它吗？接受了错误的经验，你就上了它的当。接受了过时的经验，你就不能应付当前的生活。所以书非拣选不可。拣选那正确的，当前合用的书来读，那才"开卷有益"。

　　所谓经验，不仅是知识方面的事情，大部分关联到实际生活，要在生活中实做的。譬如说，一本卫生书是许多人对于卫生的经验，你读了这本书，明白了，只能说你有了卫生的知识。必须你饮食起居都照着做，身体经常保持健康，那时候你才真的有了卫生的经验。

　　看了上面说的例子，可以知道读书顶要紧的事情，是把书中的经验化为自身的经验。随时能够"化"，那才做到"开卷有益"的极致。

1946 年 6 月 16 日发表

答来问——关于"学习国文应该读些什么书"的问题

　　常常接到读者们来信问起：学习国文该读些什么书？我们很感惭愧，对于这个问题，总不能作一番令人满意的答复。我们只能说，就最广的方面而言，凡是用中国文字书写的书籍文篇，都可以用来学习国文。可是我们不能就最狭的方面而言，指出什么什么书特别适于学习国文。专供学习国文用的书是没有的，除了国文教科书。而来信询问的人大多已经读过教科书，显然想在教科书以外再读些专用书，可惜那是没有的。

　　恐怕来信询问的人对于所谓学习国文只存个含糊的观念，他们笼统地觉得自己的国文程度不怎么好，又笼统地认为要读一些专用书就会有进境，于是写信来问我们了。现在我们要请他们想一想清楚，究竟为了什么要加紧学习国文。为了不大熟习我国语言文字的习惯法则吗？为了不很能够运用语言文字发表自己的意思情感吗？为了不很能够看懂各种各样的书籍报志吗？为了想写一些所谓文艺作品可是写来写去总不像个样儿吗？我们想除了以上几层，大概不再有加紧学习国文的需要了。

　　请先从看懂各种各样的书籍报志说起。没有一个人能够看懂所有的书籍报志的（单就用我国文字书写的而言）。各种各样的书籍报志的内容不同，用语和讲述的方式各异，一个人熟习了这些部分，未必能同样地熟习那些部分。譬如看杂志，对于普通杂志能够一目了然，对于专门研究经济的杂志也许就不甚了了。又如看史书，对于人物的传记能够通体理会，对于历律的书志也许就完全不晓。而且文字有古今的分别。在古代文字这个名称之下，包含的文字体式实在说不清有多少种。一个人怎么能完全通晓古今各种体式的文字？所以就一般人说，只能悬这么一个目标：能看懂普通的书籍报志也就够了。这里所谓普通，也只是个不很明确的形容词，大概常见的习用的一些书籍报志，就叫它作普通的。一般国文教科书就根据这种见地编成的。教科书从普通的书籍报志选取样品，供学习的人阅读，其意以为你看得懂这些样品，也就看得懂这些样品所从取材的那些书籍报志了。不过教科书篇幅有限，虽说只收些普通的书籍报志的样品，到底缺漏还多。你要扩充范围，弥补缺漏，就得在教科书以外，直接阅读书籍报志。单就普通的而论，那范围也是无限制的，那缺漏也是补不完的，所以自好的人愿意经常阅读，从幼年直到老年。再就看懂两字而言，也有程度的差别，仅仅明晓字面，不能说他不懂，但是咀嚼得透，把内含的意味一一体会出来，那就懂得更多。世间不少谈读书方法的文篇与书籍，不能说全无用处，不过最重要的还在读书的人自己多读。读书是属于能力方面的事，凡能力必须继续不断地磨炼，才会越来越精强。在读得不多的时候，也许只能达到明晓字面的境界，后来读得多了，熟能生巧，竟能作极深切的体会：这样的例子是常见的。综合以上两层，阅读范围的扩充，阅读能力的加强，都可以称为国文程度有进境。这种进境并不是读了什么专用书得来的，却在乎多读那些普通的书籍报志。

其次说运用语言文字发表自己的意思情感。胸中仿佛有些东西，可是表达不出来，就认为这是国文程度不好之故：这样想的人恐怕很多，我们以为有意思表达不出来固然也可以说他的国文程度不好，但是说他想心思的程度不好尤为确切，想心思就是心中说话，想得清清楚楚就是说得清清楚楚，不应该不能用文字表达出来（文盲当然不能）。那些表达不出来的意思大概是没有想清楚的，朦胧之中以为自己有个意思在，实则那个意思并未具体形成，怎么表达得出来？一个人假如经常这样不清不楚地想心思，他吃的亏倒不在国文程度不好上，而在处理自己的生活不得要领上。提高想心思的程度得从改变想心思的习惯入手。任何意思不让它朦朦胧胧而止，必须想得清清楚楚（也就是在心中说得清清楚楚）方罢休。经过一段刻意修炼的时期之后，表达不出来的苦闷即使不能全部解除，必将减轻不少。读节也有用处，书是人家所想的心思，揣摩人家怎么想心思，对于自家想心思当然多少有帮助。不过人家想心思以人家的生活作背景，自家想心思也该以自家的生活作背景，如果一味依傍人家，或许会丧失了自我。所以就提高想心思的程度而言，读书是一种办法，可不是顶好的办法。顶好的办法还是就事想事，生活中需要什么想什么，一定要想得完密明确，不容它含糊将就。完密明确的意思必然表达得出，因为心中的一番话已经说清楚，把它化为纸面的文字只是一种记录的工作罢了。表达得出就是国文程度好，可是达到这个好并不全靠读书，如前面所说。

又其次说熟习我国语言文字的习惯法则，这是不成什么大问题的。我们幼年不会听话，不会说话，后来渐渐会听会说了，就因为熟习了语言的习惯法则之故。欲求熟习得更广更精，唯有多听、多读、多应用而已。除了对于语文研究有特别兴味的而外，似可不必再作旁的功夫。

末了说写文艺作品。文艺作品不是一种奇奇怪怪的特殊东西。文艺作品中装载的也是人们的意思情感，不过那本质比一般的意思情感来得精妙，表达的方式又恰如其分，刚刚把那本质传出，可以使人家心领神会：这就给它取个名称叫作文艺，以便与一般普通文字有个分别。意思情感要精妙，表达方式要适宜，是硬做不来的，执着笔杆只管写，捧着书本只管揣摩，未必全无用处，可也不见得十分有用处。原来意思情感与表达方式都从一个人的整个生活而来，必须整个生活产生得出精妙的意思情感与适宜的表达方式，才有写出像样的文艺作品的希望。

平时写信答复写不详细，这回总答复写得多些，但是仍嫌抽象，恐怕对于投书的人没有多大帮助，惭愧得很。

1948 年 3 月 1 日发表

阅读是写作的基础

在中小学语文教学中，基础知识和基本训练都重要，我看更要着重训练，什么叫训练呢？就是要使学生学的东西变成他们自己的东西。譬如学一个字，要他们认得，不忘记，用得适当，就要训练。语文方面许多项目都要经过不断练习，锲而不舍，养成习惯，才能变成他们自己的东西。现在语文教学虽说注意练习，其实练得不太多，这就影响学生掌握基础知识。老师对学生要求要严格。严格不是指老师整天逼着学生练这个练那个，使学生气都透不过来，而是说凡是要学生练习的，不要练过一下就算，总要经常引导督促，直到学的东西变成他们自己的东西才罢手。

有些人把阅读和写作看做不甚相干的两回事，而且特别着重写作，总是说学生的写作能力不行，好像语文程度就只看写作程度似的。阅读的基本训练不行，写作能力是不会提高的。常常有人要求出版社出版"怎样作文"之类的书，好像有了这类书，依据这类书指导作文，写作教学就好办了。实际上写作基于阅读。老师教得好，学生读得好，才写得好。这样，老师临时指导和批改作文既可以少辛苦些，学生又可以多得到些实益。

阅读课要讲得透。叫讲得透，无非是把词句讲清楚，把全篇讲清楚，作者的思路是怎样发展的，感情是怎样表达的，诸如此类。有的老师热情有余，可是本钱不够，办法不多，对课文不能透彻理解，总希望求助于人，或是请一位高明的老师给讲讲，或是靠集体备课。这不是从根本上解决问题的办法。功夫还在自己。只靠从别人那里拿来，自己不下功夫或者少下功夫，是不行的。譬如文与道的问题。人家说文与道该是统一的，你也相信文与道该是统一的，但是讲课文，该怎样讲才能体现文道统一，还得自辟蹊径。如果词句不甚了解，课文内容不大清楚，那就谈不到什么文和道了。原则可以共同研究商量，怎样适当地应用原则还是靠自己。根本之点还是透彻理解课文。所以靠拿来不行，要自己下功夫钻研。

我去年到外地，曾经在一些学校听语文课。有些老师话说得很多，把四十五分钟独占了，其实许多话是大可不讲的。譬如课文涉及农村人民公社，就把课文放在一旁，大讲农村人民公社的优越性，这个办法比较容易，也见得热情，但是不能说完成了语文课的任务。

在课堂里教语文，最终目的在达到"不需要教"，使学生养成这样一种能力，不待老师教，自己能阅读学生将来经常要阅读，老师能经常跟在他们背后吗？因此，一边教，一边要逐渐为"不需要教"打基础。打基础的办法，也就是不要让学生只是被动地听讲，而要想方设法引导他们在听讲的时候自觉地动脑筋。老师独占四十五分钟固然不适应这个要求，讲说和发问的时候启发性不多，也不容易使学生自觉地动脑筋。怎样启发学生，使他们自觉地动脑筋，是老师备课极重要的项目。这个项目做到了，老师才真起了主导作用。

听见有些老师和家长说，现在学生了不起，一部《创业史》两天就看完了，颇有点儿沾沾自喜。我想，且慢鼓励，最要紧的是查一查读得怎么样，如果只是眼睛在书页上跑过，只知道故事的极简略的梗概，那不能不认为只是马马虎虎地读。马马虎虎地读是不值得鼓励的。一部《创业史》没读好，问题不算大，养成了马马虎虎的读书习惯，可要吃一辈子的亏。阅读必须认真，先求认真，次求迅速，这是极重要的基本训练。要在阅读课中训练好。

阅读习惯不良，一定会影响到表达，就是说，写作能力不容易提高。因此，必须好好教阅读课。譬如讲文章须有中心思想。学生听了，知道文章须有中心思想，但是他说："我作文就是抓不住中心思想，如果教好阅读课，引导学生逐课逐课地体会，作者怎样用心思，怎样有条有理地表达出中心思想，他们就仿佛跟作者一块儿想过考虑过，到他们自己作文的时候，所谓熟门熟路，也比较容易抓住中心思想了。

总而言之，阅读是写作的基础。

作文出题是个问题。最近有一个学校拿来两篇作文让我看看，是初中三年级学生写的，题目是《伟大鲁迅的革命精神》。两篇里病句很多，问我该怎样教学生避免这些病句。我看,病句这么多,毛病主要出在题目上。初中学生读了鲁迅的几篇文章,就要他们写鲁迅的革命精神。他们写不出什么却要勉强写,病句就不一而足了。

有些老师说《难忘的一件事》《我的母亲》之类的题目都出过了,要找几个新鲜题目,搜索枯肠,难乎其难。我想,现在老师都是和学生经常在一起的,对学生了解得多,出题目该不会很困难。

有些老师喜欢大家挂在口头的那些好听的话,学生作文写上那些话,就给圈上红圈。学生摸准老师喜欢这一套,就几次三番地来这一套,常常得五分。分数是多了,可是实际上写作能力并没提高多少。特别严重的是习惯于这一套,往深处想和写出自己真情实意的途径就给挡住了。

老师改作文是够辛苦的。几十本,一本一本改,可是劳而少功。是不是可以改变方法呢?我看值得研究。要求本本精批细改,事实上是做不到的。与其事后辛劳,不如事前多作准备,平时不放松口头表达的训练,多注意指导阅读,钻到学生心里出题目,出了题目作一些必要的启发,诸如此类,都是事前准备。作了这些准备,改作文大概不会太费事了,而学生得到的实益可能多些。

1962 年 1 月 22 日作

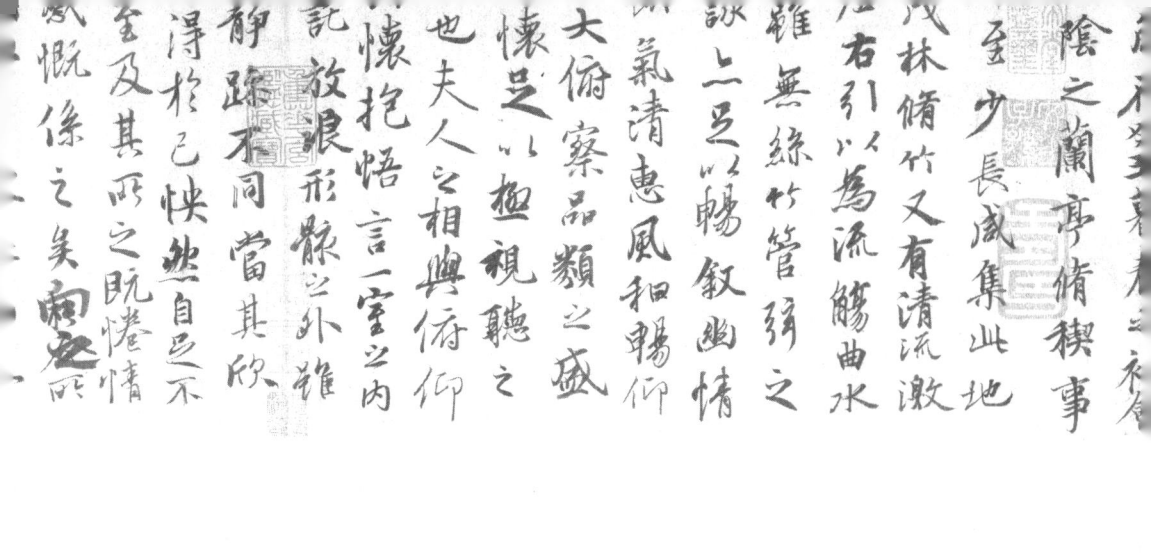

专题三

写作的秘诀与细节

写作杂话

一、作自己要作的题目

一篇文，一首诗，一支歌曲，总得有个题目。从作者方面说，有了题目，可以表示自己所写的中心。从读者方面说，看了题目，可以预知作品所含的内容。题目的必要就在乎此。从前有截取篇首的几个字作题目的，第一句是"学而时习之"，就称这一篇为《学而》；有些人作诗，意境惝恍迷离，自己也不知道该题作什么，于是就用《无题》两字题在前头：这些是特殊的例子，论到作用，只在便于称说，同其他的篇章有所区别，其实用甲、乙、丙、丁来替代也未尝不可；所以这样办的向来就不多。

题目先文章而有呢，还是先有了文章才有题目？这很容易回答。可是问题不应该这样提。我们胸中有了这么一段意思，一种情感，要保留下来，让别人知道，或者备自己日后复按，这时候才动手写文章。在写下第一个字之前，我们意识着那意思那情感的全部。在意思的全部里必然有论断或主张之类，在情感的全部里至少有一个集注点：这些统称为中心。把这些中心写成简约的文字，不就是题目么？作者动手写作，总希望收最大限的效果。如果标明白中心所在，那是更能增加所以要写作的效果的（尤其是就让别人知道这一点说）。所以作者在努力写作之外，不惮斟酌尽善，把中心写成个适切的题目。这功夫该在文章未成之前做呢，还是在已成之后做？回答是在前在后都一样，因为中心总是这么一个。那么，问题目先文章而有还是文章先题目而有，岂不是毫无意义？我们可以决定地说的，是先有了意思情感才有题目。

　　胸中不先有意思情感，单有一个题目，而要动手写文章，我们有这样的时机么？没有的。既没有意思情感，写作的动机便无从发生。题目生根于意思情感，没有根，那悬空无着的题目从何而来呢？

　　但是，我们中学生确有单有一个题目而也要动手写文章的时机。国文教师出了题目教我们作文，这时候，最先闯进胸中的是题目，意思情感之类无论如何总要迟来这么一步。这显然违反了一篇文章产生的自然程序。若因为这样就不愿作文，那又只有贻误自己。作文也同诸般技术一样，要达到运用自如的境界，必须经过充分的练习。教师出题目，原是要我们练习，现在却说不愿练习，岂非同自己为难？所以我们得退一步，希望教师能够了解学生的生活，能够设身处地地想象学生内部的意思和情感，然后选定学生能够作的愿意作的题目给学生作。如果这样，教师出题目就等于唤起学生作文的动机，也即是代学生标示了意思情感的中心，而意思情感原是学生先前固有的。从形迹讲，诚然题目先有；按求实际，却并没违反一篇文章产生的自然程序。贤明的教师选题目，一定能够这样做。

我们还要说的是作文这件事情既须练习，单靠教师出了题目才动笔，就未免回数太少，不能收充分的效果。现在通行的不是两星期作一回文么？一学年在学四十星期，只作得二十篇文章。还有呢，自己有了意思情感便能动手写出来，这是生活上必要的习惯，迟至中学时代须得养成。假若专等教师出了题目才动手，纵使教师如何贤明，所出题目如何适切，结果总不免本末倒置，会觉得作文的事情单为应付教师的练习功课，而与自己的意思情感是没有关涉的。到这样觉得的时候，这人身上便已负着人生的缺陷，缺陷的深度比哑巴不能开口还要厉害。

要练习的回数多，不用说，还须课外作文。要养成抒写意思情感的习惯，那只须反问自己，内部有什么样的意思情感，便作什么样的文。两句话的意思合拢来，就是说除了教师出的题目以外，自己还要作文，作自己要作的题目。

自己要作的题目似乎不多吧？不，绝不。一个中学生，自己要作的题目实在很多。上堂听功课，随时有新的意想，新的发现，是题目。下了课，去运动，去游戏，谁的技术怎样，什么事情的兴趣怎样，是题目。读名人的传记，受了感动，看有味的小说，起了想象，是题目。自然科学的实验和观察，如种树，如养鸡，如窥显微镜，如测候风、雨、寒、温，都是非常有趣的题目。校内的集会，如学生会、交谊会、运动会、演说会，校外的考查，如风俗、人情、工商状况、交通组织，也都是大可写作的题目。这些岂是说得尽的？总之，你只要随时反省，就觉得自己胸中绝不是空空洞洞的；随时有一些意思情感在里头流衍着，而且起种种波澜。你如果不去把捉住这些，一会儿就像烟云一样消散了，再没痕迹。你如果仗一支笔把这些保留下来，所成文字虽未必便是不朽之作，但因为是你自己所想的所感的，在你个人的生活史上实有很多的价值。同时，你便增多了练习作文的回数。

一个教师会出这样一个题目，《昨天的日记》。这题目并没不妥，昨天是大家度过了的。一天里总有所历、所闻、所思、所感，随便取一端两端写出来就得了。但是，一个学生在他的练习簿上写道："昨日晨起夜眠，进三餐，上五课，皆如前日，他无可记。"

教师看了没有别的可说，只说"你算是写了一条日记的公式！"这个学生难道真个无可记么？哪有的事？他不是不曾反省，便是从什么地方传染了懒惰习惯，不高兴动笔罢了。一个中学生一天的日记，哪会没有可写的呢？

就教师出的题目作文，虽教师并不说明定须作多少字，而作者自己往往立一个约束，至少要作成数百字的一篇才行，否则似乎不像个样儿。这是很无谓的。文篇的长短全视内容的多少，内容多，数千字尽管写，内容少，几十字也无妨；或长或短，同样可以成很好的文章。不问内容多少，却先自规定至少要作多少字，这算什么呢？存着这样无谓的心思，会错过许多自己习作的机会。遇到一些片段的意想或感兴时，就觉这是不能写成像模样的一篇的，于是轻轻放过。这不但可惜，并且昧于所以要作文的意义了。

作文不该看作一件特殊的事情，犹如说话，本来不是一件特殊的事情。作文又不该看作一件呆板的事情，犹如泉流，或长或短，或曲或直，自然各异其致。我们要把生活与作文结合起来，多多练习，作自己要作的题目。久而久之，将会觉得作文是生活的一部分，是一种发展，是一种享受，而无所谓练习，这就与文章产生的自然程序完全一致了。

1930 年 1 月 1 日发表

二、"通"与"不通"

讲到一篇文章，我们常常用"通"或"不通"的字眼来估量。在教师批改习作的评语里，这些字眼也极易遇见。我们既具有意思情感，提笔写作文章，到底要达到怎样的境界才算得"通"？不给这"通"字限定一个界域，徒然"通"啊"不通"啊大嚷一通。实在等于空说。假若限定了"通"字的界域，就如作其他事情一样定下了标准，练习的人既有用功的趋向，评判的人也有客观的依据。同时，凡不合乎这限定的界域的，当然便是"不通"。评判的人即不至单凭浑然的感觉，便冤说人家"不通"，而练习的人如果犯了"不通"的弊病，自家要重复省察，也不至茫无头绪。

从前有一些骄傲的文人，放眼当世文坛，觉得很少值得称数的人，便说当世"通"人少极了，只有三五个；或者说得更少，就只有一个——这一个当然是自己了。这些骄傲的文人把个"通"字抬得那么博大高深，绝不是我们中学生作文的标准。我们只须从一般人着想，从一般人对自己的写作能力的期望着想，来限定"通"字的界域，这样的界域就很够我们应用。我们中学生不一定要作文人，尤其不要作骄傲的文人。

我们期望于我们的写作能力，最初步而又最切要的，是在乎能够找到那些适合的"字眼"，也就是适合的"词"。怎样叫作适合呢？我们内面所想的是这样一件东西，所感的是这样一种情况，而所用的"词"刚好代表这样一件东西，这样一种情况，让别人看了不至感到两歧的意义，这就叫作适合。同时，我们还期望能够组成调顺的"语句"，调顺的"篇章"。怎样叫作调顺呢？内面的意思情感是浑凝的，有如球，在同一瞬间可以感知整个的含蕴；而语言文字是连续的，有如线，须一贯而下，方能表达全体的内容。作文同说话一样，是将线表球的功夫，能够经营到通体妥帖，让别人看了便感知我们内面的意思情感，这就叫作调顺。适合的"词"犹如材料，用这些材料，结构为调顺的"篇章"，这才成功一件东西。

动笔写作之前，谁不抱着上面所说的期望呢？这种期望是跟着写作的欲望一同萌生的。唯有"词"适合，"篇章"调顺，方才真个写出了我们所想写的。否则只给我们的意思情感铸了个模糊甚至矛盾的模型而已。这违反所以要写作的初意，绝非我们所甘愿的。

在这里，所谓"通"的界域便可限定了。一篇文章怎样才算得"通"？"词"使用得适合，"篇章"组织得调顺，便是"通"。反过来，"词"使用得乖谬，"篇章"组织得错乱，便是"不通"。从一般人讲，只用这么平淡的两句话就够了。这样的"通"没有骄傲的文人所说的那样博大高深，所以是不论何人都可能达到的，并且是必须达到的。

既已限定了"通"的界域，我们写成一篇文章，就无妨自家来考核，不必待教师的批订。我们先自问，使用的"词"都适合了么？要回答这个问题，先得知道不适合的"词"怎样会参加到我们的文章里来。我们想到天，写了"天"字，想到汹涌的海洋，写"汹涌的海洋"几个字，这其间，所写与所想一致，绝不会有不适合的"词"闯入。但在整篇的文章里，情形并不全是这么简单。譬如我们要形容某一晚所见的月光，该说"各处都像涂上了白蜡"呢还是说"各处都浸在碧水一般的月光里"？或者我们要叙述足球比赛，对于球员们奔驰冲突的情形，该说"拼死斗争"呢还是说"奋勇竞胜"？这当儿就有了斟酌的余地。如果我们漫不斟酌，或是斟酌而决定得不得当，不合适的"词"便溜进我们的文章来了。漫不斟酌是疏忽，疏忽常常是贻误事情的因由，这里且不去说它。而斟酌过了何以又会决定得不得当呢？这一半原于平时体认事物未能真切，一半原于对使用的"词"未能确实了知它们的意蕴。就拿上面的例来讲，"涂上白蜡"不及"浸在碧水里"能传月光的神态，假若决定的却是"涂上白蜡"，那就是体认月光的神态尚欠功夫；"拼死斗争"不及"奋勇竞胜"合乎足球比赛的事实，假若决定的却是"拼死斗争",那就是了知"拼死斗争"的义蕴尚有未尽。我们写的作文,"词"不能使用得适合,病因全在这两端。关于体认的一点,只有逐渐训练我们的思致和观察力。这是一步进一步的,在尚不曾进一步的当儿,不能够觉察现在一步的未能真切。关于义蕴的一点,那是眼前能多用一些功夫就可避免毛病的。曾见有人用"聊寞"二字,他以为"无聊"和"寂寞"意义相近,拼合起来大概也就是这么一类的意义,不知这是使人不解的。其实他如果翻检过字典辞书,明白了"无聊"和"寂寞"的义蕴,就不至写下这新铸而不通的"聊寞"来了。所以勤于翻检字典辞书,可使我们觉察哪些"词"在我们的文章里是适合的而哪些是不适合的。他人的文章也足供我们比照。在同样情形之下,他人为什么使用这个"词"不使用那个"词"呢?这样问,自会找出所以然,同时也就可以判定我们自己所使用的适合或否了。还有个消极的办法,凡义蕴和用法尚不能确切了知的"词",宁可避而不用。不论什么事情,在审慎中间往往避去了不少的毛病。

其次,我们对自己的文章还要问,组织的"语句"和"篇章"都调顺了么?我们略习过一点儿文法,就知道在语言文字中间表示关系神情等,是"介词""连词""助词"等的重要职务。这些词使用得不称其职,大则会违反所要表达的意思情感,或者竟什么也不曾表达出来,只在白纸上涂了些黑字;小则使一篇文章琐碎涩拗,不得完整。从前讲作文,最要紧"虚字"用得通,这确不错;所谓"虚字"就是上面说的几类词。我们要明白它们的用法,要自己检查使用它们得当与否，当然依靠文法。文法能告诉我们这一切的所以然。我们还得留意我们每天每时的说话。说话是不留痕迹在纸面的文章。发声成语，声尽语即消逝，如其不经训练，没养成正确的习惯，随时会发生错误。听人家演说，往往"那么，那么""这个，这个"特别听见得多，颇觉刺耳，仔细考察，这些大半是不得当的，不该用的。只因口说不妨重复说，先说的错了再说个不错的，又有人身的姿态作帮助，所以仍能使听的人了解。不过错误终究是错误。说话常带错误，影响到作文，可以写得让人觉得莫名其妙。蹩脚的测字先生给人代写的信便是个适宜的例子；一样也是"然而""所以"地写满在信笺上。可是你只能当它神签一般猜详，却不能确切断定它说的什么。说话常能正确，那就是对于文法所告诉我们的所以然不单是知，并且有了遵而行之的习惯。仅靠文法上的知是呆板的，临到作文，逐处按照，求其不错，结果不过不错而已。遵行文法成为说话的习惯，那时候，怎么恰当地使用一些"虚字"，使一篇文章刚好表达出我们的意思情感，几乎如灵感自来，不假思索。从前教人作文，别的不讲，只教把若干篇文章读得烂熟。我们且不问其他，这读得烂熟的办法并不能算坏，读熟就是要把一些成例化为习惯。现在我们写的是"今话文"，假若说话不养成正确的习惯，虽讲求文法，也难收十分的效果。一方讲求文法，了知所以然，同时把了知的化为说话的习惯，平时说话总不与之相违背，这才于作文上大有帮助。我们写成一篇文章，只消把它诵读几遍，有不调顺的所在自然会发现，而且知道应该怎样去修改了。

"词"适合了,"篇章"调顺了,那就可以无愧地说,我们的文章"通"了。

这里说的"通"与"不通",专就文字而言,是假定内面的思想情感没有什么毛病了的。其实思想情感方面的毛病尤其要避免。曾见小学生的练习簿,说到鸦片,便是"中国的不强皆由于鸦片",说到赌博,便是"中国的不强皆由于赌博"。中国不强的原由这样简单么?中国不强果真"皆由"所论到的一件事物么?这样一反省,便将自觉意思上有了毛病。要避免这样的毛病在于整个的生活内容的充实,所以本篇里说不到。

1930 年 2 月 1 日发表

三、"好"与"不好"

提笔作文,如果存心这将是"天地间之至文",或者将取得"文学家"的荣誉,就未免犯了虚夸的毛病。"天地间之至文"历来就有限得很,而且须经时间的淘汰才会被评定下来——岂是写作者动笔的时候自己可以判定的?"文学家"呢,依严格说,也并不是随便写一两篇文章可以取得的,——只有不注重批评的社会里才到处可以遇见"文学家",这样的"文学家"等于能作文完篇的人而已。并且,这些预期与写作这件事情有什么关系呢?存着这些预期,文章的本身不会便增高了若干的价值。所以"至文"呀,"文学家"呀,简直不用去想。临到作文,一心一意作文就是了。

作文是我们生活里的一件事情,我们作其他事情总愿望作得很好,作文当然也不愿望平平而止。前此所说的"通",只是作文最低度的条件。文而"不通",犹如一件没制造完成的东西,拿不出去的,"通"了,这其间又可以分作两路:一是仅仅"通"而已,这像一件平常的东西,虽没毛病,却不出色;一是"通"而且"好",这才像一件精美的物品,能引起观赏者的感兴,并给制作者以创造的喜悦。认真不肯苟且的人,写一篇文章必求它"通",又望它能"好",是极自然的心理。自己的力量能够做到的,假若不去做到,不是会感到像偷工减料一般的抱歉心情么?

怎样才能使文章"好"呢?或者怎样是"不好"的文章呢?我不想举那些玄虚的字眼如"超妙""浑厚"等等来说。因为那些字眼同时可以拟想出很多,拿来讲得天花乱坠,结果把握不定它们的真切意义。我只想提出两点,说一篇文章里如果具有这两点,大概是可以称为"好"的了;不具有呢,那便是"不好"。这两点是"诚实"与"精密"。

在写作上,"诚实"是"有什么说什么",或者是"内面怎样想怎样感,笔下便怎样写"。这个解释虽浅显,对于写作者却有一种深切的要求,就是文字须与写作者的思想、性情、环境等一致。杜甫的感慨悲凉的诗是"好"的,陶渊明的闲适自足的诗是"好"的,正因为他们所作各与他们的思想、性情、环境等一致,具有充分的"诚实"。记得十五六岁的时候，有一个同学死了，动手作挽文。这是难得遇到的题目。不知怎样写滑了手，竟写下了"恨不与君同死"这样意思的句子来。父亲看过，抬一抬眼镜问道："你真这样想么？"哪里是真？不过从一般哀挽文字里看到这样的意思，随便取来填充篇幅罢了。这些句子如果用词适合，造语调顺，不能说"不通"。然而"不好"是无疑的，因为内面并非真有这样的情感，而纸面却这样说，这就缺少了"诚实"。我又想到有一些青年写的文章。"人生没有意义"啊，"空虚包围着我的全身"啊，在写下这些语句的时候，未尝不自以为直抒胸臆。但是试进一步自问：什么是"人生"？什么是"有意义"？什么是"空虚"？不将踌躇疑虑，难以作答么？然而他们已经那么写下来了。这其间"诚实"的程度很低，未必"不通"而难免"不好"。

也有人说，文章的"好"与"不好"，只消从它的本身评论，不必问写作者的"诚实"与否；换一句话说，就是写作者无妨"不诚实"地写作，只要写来得法，同样可以承认他所写是"好"的文章。这也不是没有理由。古人是去得遥遥了，传记又多简略，且未能尽信；便是并世的人，我们又怎能尽知他们的心情身世于先，然后去读他们的文章呢？我们当然是就文论文；以为"好"，以为"不好"，全凭着我们的批评知识与鉴赏能力。可是要注意，这样的说法是从阅读者的观点说的。如果转到写作者的观点，并不能因为有这样的说法就宽恕自己，说写作无需乎一定要"诚实"。这其间的因由很明显，只要这样一想就可了然。我们作文，即使不想给别人看，也总是出于这样的要求：自己有这么一个意思情感，觉得非把它铸成个定型不可，否则便会爽然若失，心里不舒服。这样提笔作文，当然要"诚实"地按照内面的意思情感来写才行。假若虚矫地搀入些旁的东西，写成的便不是原来那意思情感的定型，岂非仍然会爽然若失么？再讲到另一些文章，我们写来预备日后自己复按，或是给别人看的。如或容许"不诚实"的成分在里边，便是欺己欺人，那内心的愧疚将永远是洗刷不去的。爽然若失同内心愧疚纵使丢开不说，还有一点很使我们感觉无聊的，便是"不诚实"的文章难以写得"好"。我们不论做什么事情，发于自己的，切近于自己的，容易做得"好"；虚构悬揣，往往劳而少功。我们愿望文字写得"好"，而离开了自己的思想、性情、环境等，却向毫无根据和把握的方面乱写，怎能够达到我们的愿望呢？

到这里，或许有人要这样问：上面所说，专论自己发抒的文章是不错的，"不诚实"便违反发抒的本意，而且难以写得"好"；但是自己发抒的文章以外还有从旁描叙的一类，如有些小说写强盗和妓女的，若依上说，便须由强盗妓女自己动手才写得"好"，为什么实际上并不然呢？回答并不难。从旁描叙的文章少不了观察的功夫，观察得周至时，已把外面的一切收纳到我们内面，然后写出来。这是另一意义的"诚实"；同样可以写成"好"的文章。若不先观察，却要写从旁描叙的文章，就只好全凭冥想来应付，这是另一意义的"不诚实"。这样写成的文章，仅是缺乏亲切之感这一点，阅读者便将一致评为"不好"了。

所以，自己发抒的文字以与自己的思想、性情、环境等一致为"诚实"，从旁描叙的文章以观察得周至为"诚实"。

其次说到"精密"。"精密"的反面是粗疏平常。同样是"通"的文章，却有精密和粗疏平常的分别。写一封信给朋友，约他明天一同往图书馆看书。如果把这意思写了，用词造句又没毛病，不能不说这是一封"通"的信，但"好"是无法加上去的，因为它只是平常。或者作一篇游记，叙述到某地方去的经历，如果把所到的各地列举了，所见的风俗、人情也记上了，用词造句又没毛病，不能不说这是一篇"通"的游记，但"好"与否尚未能断定，因为它或许粗疏。文字里要有由写作者深至地发见出的、亲切地感受到的意思情感，而写出时又能不漏失它们的本真，这才当得起"精密"二字，同时这便是"好"的文章。有些人写到春景，总是说"桃红柳绿，水碧山青"，无聊的报馆访员写到集会，总是说"有某人某人演说，阐发无遗，听者动容。"单想敷衍完篇，这样地写固是个办法；若想写成"好"的文章，那是无论如何做不到的。必须走向"精密"的路，文章才会见得"好"。譬如柳宗元《小石潭记》写鱼的几句，"潭中鱼可百许头，皆若空游无所依，日光下澈，影布石上。怡然不动，俶尔远逝，往来翕忽，似与游者相乐。"是他细玩潭中的鱼，看了它们动定的情态，然后写下来的。大家称赞这几句是"好"文字。何以"好"呢？因为能传潭鱼的神，而所以能传神，就在乎"精密"。

不独全篇整段，便是用一个字也有"精密"与否的分别。文学家往往教人家发现那唯一适当的字用入文章里。说"唯一"固未免言之过甚，带一点文学家的矜夸；但同样可"通"的几个字，若选定那"精密"的一个，文章便觉更好，这是确然无疑的。以前曾论过陶渊明《和刘柴桑》诗里"良辰入奇怀"的"入"字，正可抄在这里，以代申说。

……这个"入"字下得突兀。但是仔细体味，却下得非常好。——除开"入"换个什么字好呢？"良辰感奇怀"吧，太浅显太平常了；"良辰动奇怀"吧，也不见得高明了多少。而且，用"感"字用"动"字固然也是说出"良""奇怀"的关系，可是不及用"入"字来得圆融，来得深至。

所谓"良辰"包举外界景物而言，如山的苍翠，水的潺湲，晴空的晶耀，田畴的欣荣，飞鸟的鸣叫，游鱼的往来，都在里头；换个说法，这就是"美景"，"良辰美景"本来是连在一起的。不过这"良辰美景"，它自己是冥无所知的：它固不曾自谦道"在下蹩脚得很，丑陋得很"，却也不曾一声声勾引人们说"此地有良辰美景，你们切莫错过。所以有许多人对于它简直没有动一点儿心：山苍翠吧，水潺湲吧，苍翠你的，潺湲你的，我自耕我的田，钓我的鱼，走我的路，或者打我的算盘。试问，如果世界全属此辈，"良辰美景"还在什么地方？不过，全属此辈是没有的事，自然会有些人给苍翠的山色、潺湲的水声移了情的。说到移情，真是个不易描摹的境界。勉强述说，仿佛那个东西迎我而来，倾注入我心中，又仿佛我迎那个东西而去，倾注入它的底里；我与它之外不复有旁的了，而且浑忘了我与它了：这样的时候，似乎可以说我给那个东西移了情了。山也移情，水也移情，晴空也移情，田畴也移情，飞鸟也移情，游鱼也移情，一切景物融和成一整个而移我们的情时，我们就不禁脱口而出，"好个良辰美景呵！"这"良辰美景"，在有些人原是视若无睹的；而另令些人竟至于移情，真是"嗜好与人异酸咸"，所以把这种襟怀叫作"奇怀"。

到这里，"良辰"同"奇怀"的关系已很了然。"良辰"不自"良"，"良"于人之襟怀；寻常的襟怀未必能发见"良辰"，这须得是"奇怀"；中间缀一个"入"字，于是这些意思都含蓄在里头了。如其用"感"字或者"动"字，除开不曾把"良辰"所以成立之故表达外，还有把"良辰"同"奇怀"分隔成离立的两个之嫌。这就成一是感动者，一是被感动者；虽也是个诗的意境，但多少总有点儿索然。现在用的是"入"字。看字面，"良辰"是活泼泼地流溢于"奇怀"了。翻过来，不就是"奇怀"沉浸在"良辰"之中么？这样，又不就是浑泯"辰"与"怀"的一种超妙的境界么？所以前面说用"入"字来得圆融而深至。

从这一段话看，"良辰入奇怀"的所以"好"，在乎用字的"精密"。文章里凡能这般"精密"地用字的地方，常常是很"好"的地方。

要求"诚实"地发抒自己，是生活习惯里的事情，不仅限于作文一端。要求"诚实"地观察外物，"精密"地表出情意，也不是临作文时"抱佛脚"可以济事的。我们要求整个生活的充实,虽不为着预备作文,但"诚实"的"精密"的"好"文章必源于充实的生活,那是无疑的。

1930 年 3 月 1 日发表

木炭习作跟短小文字

美术学生喜欢作整幅的画,尤其喜欢给涂上彩色,红一大块,绿一大块,对于油彩毫不吝惜。待涂满了自己看看,觉得跟名画集里的画幅有点儿相近,那就十分满意;遇到展览会,当然非送去陈列不可。因此,你如果去看什么美术学校的展览会,红红绿绿的画幅简直叫你眼花;你也许会疑心你看见了一个新的宗派——红红绿绿派。

整幅的彩色画所以被美术学生喜欢,并不是没有理由的。从效用上说,这可以表示作者从人生、社会窥见的一种意义,譬如灵肉冲突哩,意志难得自由哩,都会的罪恶哩,黄包车夫的痛苦哩,都是常见的题材。从技巧上说,这可以表示作者对于光跟色彩的研究功夫,人的脸上一搭青一搭黄,花瓶里的一朵大花单只是一团红,都是研究的结果。人谁不乐意把自己见到的、研究出来的告诉人家。美术学生会的是画画,当然用画来代替言语,于是拿起画笔来,一幅又一幅地涂他们的彩色画。

但是,从参观展览会的人一方面说,这红红绿绿派往往像一大批谜，骤然看去，不知道画的什么，仔细看了一会儿，才约略猜得透大概是什么，不放心，再对准了号数检查手里的出品目录，也有猜中的，也有猜不中的。明明是一幅一幅挂在墙上的画，除了瞎子谁都看得清，为什么看了还得猜？这因为画得不很像的缘故。画人不很像人，也许是远远的一簇树木；画花不很像花，也许是桌子上堆着几个绒线球。怎叫人不要猜？

像，在美术学生看来真是不值得谈论的一个条件。他们会说，你要像，去看照相好了，不用来看画，画画的终极的目标就不在乎像。话是不错，然而照相也有两种：一种是普通的，另一种是艺术照相。普通照相就只是个像；艺术照相却还有旁的什么，可是也绝不离开了像。把画画得跟普通照相一样，那就近乎"匠"了，自然不好；但是跟艺术照相一样，除了旁的什么以外，还有一个条件叫作像，不是并没有辱没了绘画艺术吗？并且，丢开了像，还画什么画呢？画画的终极的目标固然不在像，而画画的基础的条件不能不是这个像。

照相靠着机械的帮助，无论普通的、艺术的，你要它不像也办不到。画画全由于心思跟手腕的运用，你没有练习到像的地步，画出来就简直不像。不像，好比造房子没有打下基础，你却要造起高堂大厦来，怎得不一塌糊涂，完全失败？基础先打下了，然后高堂大厦凭你造。这必需的功夫就是木炭习作。

但是，听说美术学生最不感兴味的就是木炭习作。一个石膏人头，一朵假花，要一回又一回地描画，谁耐烦。马马虎虎敷衍一下，总算学过了这一门就是了；回头就嚷着弄彩色，画整幅。这是好胜的心肠，巴望自己创造出几幅有价值的画来，不能说不应该，然而未免把画画的基础看得太轻忽了。并且，木炭习作不只使你落笔画得像，更能够叫你渐渐地明白，画一件东西，哪一些烦琐的线条可以省掉，哪一些主要的线条一丝一毫随便不得。不但叫你明白，又叫你的手腕渐渐熟练起来，可以省掉的简直不画，随便不得的绝不随便。这对于你极有益处。将来你能画出不同于照相可是也像的画来，基础就在乎此。

情形正相同，一个文学青年也得下一番跟木炭习作同类的功夫，那目标也在乎像而不仅在乎像。

文学的木炭习作就是短小文字，有种种的名称：小品、随笔、感想文、速写、特写、杂文，此外大概还有。照编撰文学概论的说起来，这些门类各有各的定义跟范围，不能混同，但是不多啰唆，少有枝叶，有什么说什么，说完了就搁笔，差不多是这些门类的共通点，所以不妨并为一谈。若说应付实际生活的需要，唯有这些门类才真个当得起"应用文"三个字；章程、契券、公文之类只是"公式文"而已，实在不配称为"应用文"。同时，这些门类质地单纯，写作起来比较便于照顾，借此训练手腕，最容易达到熟能生巧的境界。

目标也在乎像，这个话怎么说呢？原来简单得很：你眼前有什么，心中有什么，把它写下来，没有走样；拿给人家看，能使人家明白你眼前的是什么，心中的是什么，这就行了。若把画画的功夫来比拟，不就是做到了一个像字吗？这可不是三脚两步就能够达到的，连篇累牍写了许多，结果自己觉得并没有把眼前的心中的写下来，人家也不大清楚作者到底写的什么：这样的事情往往有之。所以，虽说是类乎木炭习作的短小文字，写作的时候也非郑重从事不可。譬如写一间房间，你得注意各种陈设的位置，辨认外来光线的方向，更得捉住你从那房间得到的印象；譬如写一个人物，你得认清他的状貌，观察他的举动，更得发现他的由种种因缘而熔铸成功的性情；又譬如写一点感想，你得把握那感想的中心，让所有的语言都环拱着它，为着它而存在。能够这样当一回事做，写下来的成绩总之离像不远；渐渐进步到纯熟，那就无有不像——就是说，你要写什么，写下来的一定是什么了。

到了纯熟的时候，跟画画一样，你能放弃那些繁琐的线条，你能用简要的几笔画出生动的形象来，你能通体没有一笔败笔。你即使不去作什么长篇大品，这短小文字也就是文学作品了。文学作品跟普通文字本没有划然的界限，至多像整幅彩色画跟木炭习作一样而已。

画画不像，写作写不出所要写的，那就根本不成，别再提艺术哩文学哩那些好听的字眼。但是，在那基础上下了功夫，逐渐发展开去，却就成了艺术跟文学。舍此以外，几乎没有什么捷径。谁自问是个忠实的美术学生或者文学青年的话，先对于基础作一番刻苦的功夫吧。

1935 年 3 月发表

开头与结尾

写一篇文章，预备给人家看，这和当众演说很相像，和信口漫谈却不同。当众演说，无论是发一番议论或者讲一个故事，总得认定中心，凡是和中心有关系的才容纳进去，没有关系的，即使是好意思、好想象、好描摹、好比喻，也得丢掉。一场演说必须是一件独立的东西。信口漫谈可就不同。几个人的漫谈，话说像藤蔓一样爬开来，一忽儿谈这个，一忽儿谈那个，全体没有中心，每段都不能独立。这种漫谈本来没有什么目的，话说过了也就完事了。若是抱有目的，要把自己的情意告诉人家，用口演说也好，用笔写文章也好，总得对准中心用功夫，总得说成或者写成一件独立的东西。不然，人家就会弄不清楚你在说什么写什么，因而你的目的就难达到。

中心认定了，一件独立的东西在意想中形成了，怎样开头怎样结尾原是很自然的事，不用费什么矫揉造作的功夫了。开头和结尾也是和中心有关系的材料，也是那独立的东西的一部分，并不是另外加添上去的。然而有许多人往往因为习惯不良或者少加思考，就在开头和结尾的地方出了毛病。在会场里，我们时常听见演说者这么说："兄弟今天不曾预备，实在没有什么可以说的"。演说完了，又说："兄弟这一番话只是随便说说的，实在没有什么意思，请诸位原谅"。谁也明白，这些都是谦虚的话。可是，在说出来之前，演说者未免少了一点思考。你说不曾预备，没有什么可以说的，那么为什么要踏上演说台呢？随后说出来的，无论是三言两语或者长篇大论，又算不算"可以说的"呢？你说随便说说，没有什么意思，那么刚才的一本正经，是不是逢场作戏呢？自己都相信不过的话，却要说给人家听，又算是一种什么态度呢？如果这样询问，演说者一定会爽然自失，回答不出来。其实他受的习惯的累，他听见人家都这么说，自己也就这么说，说成了习惯，不知道这样的头尾对于演说是没有帮助反而有损害的。不要这种无谓的谦虚，删去这种有害的头尾，岂不干净而有效得多？还有，演说者每每说："兄弟能在这里说几句话，十分荣幸。"这是通常的含有礼貌的开头，不能说有什么毛病。然而听众听到，总不免想："又是那老套来了。"听众这么一想，自然而然把注意力放松，于是演说者的演说效果就跟着打了折扣。什么事都如此，一回两回见得新鲜，成为老套就嫌乏味。所以老套以能够避免为妙。演说的开头要有礼貌，应该找一些新鲜而又适宜的话来说。原不必按照着公式，说什么"兄弟能在这里说几句话，十分荣幸"。

各种体裁的文章里头，书信的开头和结尾差不多是规定的。书信的构造通常分做三部分：除第二部分叙述事务，为书信的主要部分外，第一部分叫作"前文"，就是开头，内容是寻常的招呼和寒暄。第三部分叫作"后文"，就是结尾，内容也是招呼和寒暄。这样构造原本于人情，终于成为格式，从前的书信往往有前文后文非常繁复，竟至超过了叙述事务的主要部分的。近来流行简单的了，大概还保存着前文后文的痕迹。有一些书信完全略去前文后文，使人读了感到一种隽妙的趣味，不过这样的书信宜于寄给亲密的朋友。如果寄给尊长或者客气一点的朋友，还是依从格式，具备前文后文，才见得合乎礼仪。

记述文记述一件事物，必得先提出该事物，然后把各部分分项写下去。如果一开头就写各部分，人家就不明白你在说什么了。我曾经记述一位朋友赠我的一张华山风景片。开头说："贺昌群先生游罢华山，寄给我一张十二寸的放大片。"又如魏学洢的《核舟记》，开头说："明有奇巧人曰王叔远，能以径寸之木为宫室、器皿、人物以至鸟、兽、木、石，罔不因势像形，各具情态。尝贻余核舟一，盖大苏泛赤壁云。"不先提出"寄给我一张十二寸的放大片"以及"尝贻余核舟一"，以下的文字事实上没法写的。各部分记述过了，自然要来个结尾。像《核舟记》统计了核舟所有人物器具的数目，接着说"而计其长曾不盈寸，盖简桃核修狭者为之，"这已非常完整，把核舟的精巧表达得很明显的了。可是作者还要加上另外一个结尾，说：

魏子详瞩既毕，诧曰：嘻，技亦灵怪矣哉！《庄》《列》所载称惊犹鬼神者良多,然谁有游削于不寸之质而须麋了然者?假有人焉,举我言以复于我,亦必疑其诳,乃今亲睹之。繇斯以观,棘刺之端未必不可为母猴也。嘻,技亦灵怪矣哉!

这实在是画蛇添足的勾当,从前人往往欢喜这么做,以为有了这一发挥,虽然记述小东西,也可以即小见大。不知道这么一个结尾以后的结尾无非说明那个桃核极小而雕刻极精,至可惊异罢了。而这是不必特别说明的,因为全篇的记述都暗示着这层意思。作者偏要格外讨好,反而教人起一种不统一的感觉。我那篇记述华山风景片的文字,没有写这种"结尾以后的结尾",在写过了照片的各部分之后,结尾说:"这里叫作长空栈,是华山有名的险峻处所。"用点明来收场,不离乎全篇的中心。

叙述文叙述一件事情,事情的经过必然占着一段时间,依照时间的顺序来写,大致不会发生错误。这就是说,把事情的开端作为文章的开头,把事情的收梢作为文章的结尾。多数的叙述文都用这种方式,也不必举什么例子。又有为要叙明开端所写的事情的来历和原因,不得不回上去写以前时间所发生的事情。这样把时间倒错了来叙述,也是常见的。如丰子恺的《从孩子得到的启示》,开头写晚上和孩子随意谈话,问他最欢喜什么事,孩子回答说是逃难。在继续了一回问答之后,才悟出孩子所以喜欢逃难的缘故,如果就此为止,作者固然明白了,读者还没有明白。作者要使读者也明白孩子为什么欢喜逃难,就不得不用倒错的叙述方式，回上去写一个月以前的逃难情形了。在近代小说里，倒错叙述的例子很多，往往有开头写今天的事情，而接下去却写几天前几月前几年前的经过的。这不是故意弄什么花巧，大概由于今天这事情来得重要，占着主位，而从前的经过处于旁位，只供点明脉络之用的缘故。

说明文大体也有一定的方式。开头往往把所要说明的事物下一个诠释，立一个定义。例如说明"自由"，就先从"什么叫作自由"入手。这正同小学生作"房屋"的题目用"房屋是用砖头木材建筑起来的"来开头一样。平凡固然平凡，然而是文章的常轨，不能说这有什么毛病。从下诠释、立定义开了头，接下去把诠释和定义里的语义和内容推阐明白，然后来一个结尾，这样就是一篇有条有理的说明文。蔡元培的《我的新生活观》可以说是适当的例子。那篇文章开头说：

什么叫作旧生活？是枯燥的，是退化的。什么叫作新生活？是丰富的，是进步的。

这就是下诠释、立定义。接着说旧生活的人不作工又不求学，所以他们的生活是枯燥的、退化的，新生活的人既要作工又要求学，所以他们的生活是丰富的、进步的。结尾说如果一个人能够天天作工求学，就是新生活的人，一个团体里的人能够天天作工求学，就是新生活的团体，全世界的人能够天天作工求学，就是新生活的世界。这见得作工求学的可贵，新生活的不可不追求。而写作这一篇的本旨也就在这里表达出来了。

再讲到议论文。议论文虽有各种，总之是提出自己的一种主张。现在略去那些细节且不说，单说怎样把主张提出来，这大概只有两种开头方式。如果所论的题目是大家周知的，开头就把自己的主张提出来，这是一种方式。譬如今年长江、黄河流域都闹水灾，报纸上每天用很多篇幅记载各处的灾况，这可以说是大家周知的了。在这时候要主张怎样救灾、怎样治水，尽不妨开头就提出来，更不用累累赘赘先叙述那灾况怎样地严重。如果所论的题目在一般人意想中还不很熟悉，那就先把它述说明白，让大家有一个考量的范围，不至于茫然无知，全不接头，然后把自己的主张提出来，使大家心悦诚服地接受，这是又一种方式。胡适的《不朽》是这种方式的适当例子。"不朽"含有怎样的意义，一般人未必十分了然，所以那篇文章的开头说：

不朽有种种说法，但是总括看来，只有两种说法是有区别的。一种是把"不朽"解作灵魂不灭的意思。一种就是《春秋左传》上说的"三不朽"。

这就是指明从来对于不朽的认识。以下分头揭出这两种不朽论的缺点，认为对于一般的人生行为上没有什么重大的影响。到这里，读者一定盼望知道不朽论应该怎样才算得完善。于是作者提出他的主张所谓"社会的不朽论"来。在列举了一些例证，又和以前的不朽论比较了一番之后，他用下面一段文字做结尾：

我这个现在的"小我"，对于那永远不朽的"大我"的无穷过去，须负重大的责任；对于那永远不朽的"大我"的无穷未来，也须负重大的责任。我须要时时想着，我应该如何努力利用现在的"小我"，方才可以不辜负了那"大我"的无穷过去，方才可以不遗害那"大我"的无穷未来？

这是作者的"社会的不朽论"的扼要说明，放在末了，有引人注意、促人深省的效果。所以，就构造说，这实在是一篇完整的议论文。

普通文的开头和结尾大略说过了，再来说感想文、描写文、抒情文、纪游文以及小说等所谓文学的文章。这类文章的开头，大别有冒头法和破题法两种。冒头法是不就触到本题，开头先来一个发端的方式。如茅盾的《都市文学》，把"中国第一大都市，'东方的巴黎'——上海，一天比一天'发展'了"作为冒头，然后叙述上海的现况，渐渐引到都市文学上去。破题法开头不用什么发端，马上就触到本题。如朱自清的《背影》，开头说"我与父亲不相见已二年余了，我最不能忘记的是他的背影"，就是一个适当的例子。

曾经有人说过，一篇文章的开头极难，好比画家对着一幅白纸，总得费许多踌躇，去考量应该在什么地方下第一笔。这个话其实也不尽然。有修养的画家并不是画了第一笔再斟酌第二笔的，在一笔也不曾下之前，对着白纸已经考量停当，心目中早就有了全幅的布置了。布置既定，什么地方该下第一笔原是摆好在那里的事。作文也是一样。作者在一个字也不曾写之前，整篇文章已经活现在胸中了。这时候，该用什么方法开头，开头该用怎样的话，也都派定注就，再不必特地用什么搜寻的功夫。不过这是指有修养的人而言。如果是不能预先统筹全局的人，开头的确是一件难事。而且，岂止开头而已，他一句句一段段写下去将无处不难。他简直是盲人骑瞎马，哪里会知道一路前去撞着些什么？

文章的开头犹如一幕戏剧刚开幕的一刹那的情景，选择得适当，足以奠定全幕的情调，笼罩全幕的空气，使人家立刻把纷乱的杂念放下，专心一志看那下文的发展。如鲁迅的《秋夜》，描写秋夜对景的一些奇幻峭拔的心情。用如下的文句来开头：

在我的后园，可以看见墙外有两株树。一株是枣树，还有一株也是枣树。

"还有一株也是枣树"是并不寻常的说法，拗强而特异，足以引起人家的注意，而以下文章的情调差不多都和这一句一致。又如茅盾的《雾》，用"雾遮没了正对着后窗的一带山峰"来开头，全篇的空气就给这一句凝聚起来了。以上两例都属于显出力量的一类。另有一种开头，淡淡着笔，并不觉得有什么力量，可是同样可以传出全篇的情调，范围全篇的空气。如龚自珍的《记王隐君》，开头说：

> 于外王父段先生废簏中见一诗，不能忘。于西湖僧经箱中见书《心经》，蠹且半，如遇簏中诗也，益不能忘。

这个开头只觉得轻松随便，然而平淡而有韵味，一来可以暗示下文所记王隐君的生活，二来先行提出书法，可以作为下文访知王隐君的关键。仔细吟味，真是说不尽的妙趣。

现在再来说结尾。略知文章甘苦的人一定有这么一种经验：找到适当的结尾好像行路的人遇到了一处适合的休息场所，在这里他可以安心歇脚，舒舒服服地停止他的进程。若是找不到适当的结尾而勉强作结，就像行路的人歇脚在日晒风吹的路旁，总觉得不是个妥当的地方。至于这所谓"找"，当然要在计划全篇的时候做，结尾和开头和中部都得在动笔之前有了成竹。如果待临时再找，也不免有盲人骑瞎马的危险。

结尾是文章完了的地方，但结尾最忌的却是真个完了。要文字虽完了而意义还没有尽，使读者好像嚼橄榄，已经咽了下去而嘴里还有余味，又好像听音乐，已经到了末拍而耳朵里还有余音，那才是好的结尾。归有光《项脊轩志》的跋尾既已叙述了他的妻子与项脊轩的因缘，又说了修葺该轩的事，末了说：

庭有枇杷树，吾妻死之年所手植也，今已亭亭如盖矣。

这个结尾很好。骤然看去，也只是记叙庭中的那株枇杷树罢了，但是仔细吟味起来，这里头有物在人亡的感慨，有死者渺远的惆怅。虽则不过一句话，可是含蓄的意义很多，所谓"余味""余音"就指这样的情形而言。我曾经作过一篇题名《遗腹子》的小说，叙述一对夫妇只生女孩不生男孩，在绝望而纳妾之后，大太太居然生了一个男孩；不久那个男孩就病死了；于是丈夫伤心得很，一晚上喝醉了酒，跌在河里淹死了；大太太发了神经病，只说自己肚皮里又怀了孕，然而遗腹子总是不见产生。到这里，故事已经完毕，结句说：

这时候，颇有些人来为大小姐二小姐说亲了。

这句话有点冷隽，见得后一代又将踏上前一代的道路，生男育女，盼男嫌女，重演那一套把戏，这样传递下去，正不知何年何代才休歇呢。我又有一篇小说叫作《风潮》，叙述中学学生因为对一个教师的反感，做了点越规行动，就有一个学生被除了名；大家的义愤和好奇心就此不可遏制，捣毁校具，联名退学，个个人都自视为英雄。到这里，我的结尾是：

路上遇见相识的人问他们做什么时，他们用夸耀的声气回答道："我们起风潮了！"

这样结尾把全篇停止在最热闹的情态上，很有点儿力量，"我们起风潮了"这句话如闻其声，这里头含蓄着一群学生在极度兴奋时种种的心情。以上是我所写的两篇小说的结尾，现在附带提起，作为带有"余味""余音"的例子。

结尾有回顾开头的一式，往往使读者起一种快感，好像登山涉水之后，重又回到原来的出发点，坐定下来，得以转过头去温习一番刚才经历的山水一般。极端的例子是开头用的什么话结尾也用同样的话，如林嗣环的《口技》，开头说：

京中有善口技者。会宾客大宴，于厅事之东北隅施八尺屏幛，口技人坐屏幛中，一桌、一椅、一扇、一抚尺而已。

结尾说：

忽然抚尺一下，众响毕绝。撤屏视之，一人、一桌、一扇、一抚尺而已。

前后同用"一桌、一椅、一扇、一抚尺而已"，把设备的简单冷落反衬口技表演的繁杂热闹，使人读罢了还得凝神去想。如果只写到"忽然抚尺一下，众响毕绝"，虽没有什么不通，然而总觉得这样还不是了局呢。

1935 年 11 月 1 日发表

写作什么

国文科牵涉到的事项很多,这儿只讲一点关于写作的话。分两次讲,这一次的题目是《写作什么》,下一次的题目是《怎样写作》。我的话对于诸位不会有直接的帮助,我只希望能有间接的帮助。就是说,诸位听了我的话,把应该留心的留心起来,把应该避忌的随时避忌,什么方面应该用力就多多用力,什么方面不必措意就不去白费心思。这样经过相当的时候,写作能力自然渐渐增进了。

诸位现在写作,大概有以下的几个方面:国文教师按期出题目,教诸位练习,就要写作了;听了各门功课,有的时候要作笔记,做了各种试验,有的时候要作报告,就要写作了;游历一处地方,想把所见所闻以及感想记下来,离开了家属和亲友,想把最近的生活情形告诉他们,就要写作了;有的时候有种种观感凝结成一种意境,觉得要把这种意境化为文字,心里才畅快,也就要写作了。

以上几方面的写作材料都是诸位生活里原有的,不是从生活以外去勉强找来的。换句话说，这些写作材料都是自己的经验。我们平时说话，从极简单的日常用语到极繁复的对于一些事情的推断和评论，都无非根据自己的经验。因为根据经验，说起来就头头是道，没有废话，没有瞎七搭八的无聊话。如果超出了经验范围，却去空口说白话，没有一点天文学的知识，偏要讲星辰怎样运行，没有一点国际政治经济的学问，偏要推断意阿战争、海军会议的将来，一定说得牛头不对马嘴，徒然供人家作为嗤笑的资料。一个人如有自知之明，总不肯作这样的傻事，超出了自己的经验范围去瞎说。他一定知道自己有多少经验，什么方面他可以说话，什么方面他不配开口。在不配开口的场合就不开口，这并不是难为情的事，而正是一种诚实的美德。经验范围像波纹一样，越来越扩大。待扩大到相当的时候，本来不配开口的配开口了，那才开口，也并不嫌迟。作文原是说话的延续，用来济说话之穷，在说话所及不到的场合，就作文，因此作文自然应该单把经验范围以内的事物作为材料，不可把经验范围以外的事物勉强拉到笔底下来。照诸位现在写作的几个方面看，所有材料都是自己的经验，这正是非常顺适的事。顺着这个方向走去，是一条写作的平坦大路。

　　这层意思好像很平常，其实很重要。因为写作的态度就从这上边立定下来。知道写作原是说话的延续，写作材料应该以自己的经验为范围，这就把写作看作极寻常可是极严正的事。人人要写作，正同人人要说话一样，岂不是极寻常？不能超出自己的经验，不能随意乱道，岂不是极严正？这种态度是正常的，抱着这种态度的人，写作对于他是一种有用的技能。另外还有一种态度，把写作看作极特殊可是极随便的事。拿从前书塾里的情形来看，更可以明白。从前书塾里，学生并不个个作文。将来预备学工业、商业的，读了几年书认识一些字也就算了，只有预备应科举的几个才在相当的时候开始作文。开始作文称为"开笔"，那是一件了不得的事，开了笔的学生对先生要加送束脩，家长对人家说"我的孩子开笔了"，往往露出得意的笑容。这为什么呢？因为作了文可以应科举，将来的飞黄腾达都种因在这上边，所以大家都认为一件极特殊的事，这特殊的事并且是属于少数人的。再看开了笔作些什么呢？不是《温故而知新说》就是《汉高祖论》之类。新呀故呀翻来覆去缠一阵就算完了篇；随便抓住汉高祖的几件事情，把他恭维一顿，或者唾骂一顿，也就算完了篇，这些材料大部分不是自己的经验，无非仿效别人的腔调，堆砌一些毫不相干的意思，说得坏一点儿，简直是鹦鹉学舌，文字游戏。从这条路径发展下去，这就来了专门拼凑典故的文章，无病呻吟的诗词。自己的经验是这样，写出来却并不这样，或许竟是相反的那样。写作同实际生活脱离了关系，只成为装点生活的东西，又何贵乎有这种写作的技能呢？所以说，这种态度是极随便的。到现在，科举虽然废掉了，作文虽然从小学初年级就要开始，可是大家对于写作的态度还没有完全脱去从前的那种弊病。现在个个学生要作文，固然不再是少数人的特殊的事，但是往往听见学生说"我没有意思，没有材料，拿起笔简直写不出什么来"，或者说"今天又要作文了，真是讨厌"，这些话表示一种误解，以为作文是学校生活中的特殊的事，而且须离开自己的经验去想意思，去找材料，自己原有的经验好像不配作为意思、不配充当材料似的。再从这里推想开去，又似乎所谓意思、所谓材料是一种说来很好听、写来很漂亮，但不和实际生活发生联系的花言巧语。这种花言巧语必须费很大的力气去搜寻，像猎犬去搜寻潜伏在山林中的野兽。搜寻未必就能得到，所以拿起笔写不出什么来，许多次老写不出什么来，就觉得作文真是一件讨厌的事。进一步说，抱着这样的态度作文，即使能够写出什么来，也不是值得欢慰的事。因为作文绝不是把一些很好听、很漂亮的花言巧语写在纸上就算完事的，必须根据经验，从实际生活里流注出来，那才合乎所以要作文的本意。离开了自己的经验而去故意搜寻，虽然搜寻的功夫也许很麻烦，但是不能不说他把作文看得太随便了。把作文看得特殊又看得随便的态度，使作文成为一种于人生无用的技能。这种态度非改变不可。诸位不妨自己想想：我把作文认作学校生活中的特殊的事吗？我离开了自己的经验故意去搜寻虚浮的材料吗？如果不曾，那就再好没有。如果确曾这样，而且至今还是这样，那就请立刻改变过来，改变为正当的态度，就是把作文看得寻常又看得严正的态度。抱着正当的态度的人绝不会说没有意思、没有材料，因为他绝不会没有经验，经验就是他的意思和材料。他又绝不会说作文真是讨厌的事，因为作文是他生活中的一个项目，好比说话和吃饭各是生活中的一个项目，无论何人绝不会说说话和吃饭真是讨厌。

　　以上说了许多话，无非说明写作材料应以自己的经验为范围。诸位现在写作的几个方面原都不出这个范围，只要抱正当的态度，动一回笔自然得到一回实益。诸位或者要问："教师命题作文，恐怕不属于我们的经验范围以内吧。"我可以这样回答，凡是贤明的国文教师，他出的题目应当不超出学生的经验范围，他应当站在学生的立足点上替学生设想，什么材料是学生经验范围内的，是学生所能写的、所要写的，经过选择才定下题目来。这样，学生同写一封信、作一篇游记一样，仍然是为着发表自己的经验而写作，同时又得到了练习的益处。我知道现在的国文教师贤明的很多，他们根据实际的经验和平时的研究，断不肯出一些离奇的题目，离开学生的经验十万八千里，教学生搔头摸耳，叹息说没有意思、没有材料的自然，也难免有一些教师受习惯和环境的影响，出的题目不很适合学生的胃口，我见过的《学而时习之论》就是一个例子。我若是学生，就不明白这个题目应该怎样地论。学而时习之，照常识讲，是不错的。除了说这个话不错以外，还有什么可说呢？这种题目，从前书塾里是常出的，现在升学考试和会考也间或有类似的题目。那位教师出这个题目，大概就由于这两种影响。诸位如果遇见了那样的教师，只得诚诚恳恳地请求他，说现在学会作这样的题目，只有逢到考试也许有点儿用处。在实际生活中简直没有需要作这样题目的时候。即使您先生认为预备考试的偶尔有用也属必要，可否让我们少作几回这样题目，多作几回发表自己经验的文章？这样的话很有道理，并不是什么非分的请求。有道理的话，谁不愿意听？我想诸位的教师一定会依从你们的。

再说经验有深切和浅薄的不同，有正确和错误的不同。譬如我们走一条街道，约略知道这条街道上有二三十家店铺，这不能不算是经验。但是我们如果仔细考察，知道这二三十家店铺属于哪一些部门，哪一家的资本最雄厚，哪一家的营业最发达，这样的经验比前面的经验深切多了。又譬如我们小时候看见月食，老祖母就告诉我们，这是野月亮要吞家月亮，若不敲锣打鼓来救，家月亮真个要被吃掉的。我们听了记在心里，这也是我们的经验，然而是错误的。后来我们学了地理，了解了星球运行的大概，才知道并没有什么野月亮，更没有吞食家月亮这回事，那遮没了月亮的原来是地球的影子。这才是正确的经验。这不过是两个例子，此外可以依此类推。我们写作，正同说话一样，总希望写出一些深切的正确的经验，不愿意涂满一张纸的全是一些浅薄的错误的经验。不然，就是把写作看得太不严正，和我们所抱的态度违背了。

单是写出自己的经验还嫌不够，要更进一步给经验加一番洗练的功夫，才真正做到下笔绝不随便，合乎正当的写作态度，不过这就不只是写作方面的事了，而且也不止是国文科和各学科的事，而是我们整个生活里的事。我们每天上课，看书，劳作，游戏，随时随地都在取得经验，而且使经验越来越深切，越来越正确。这并不是为作文才这样做，我们要做一个有用的人，要做一个健全的公民，就不得不这样做。这样做同时给写作开了个活的泉源，从这个泉源去汲取，总可以得到澄清的水。所怕的是上课不肯好好地用功，看书没有选择又没有方法，劳作和游戏也只是随随便便，不用全副精神对付，只图敷衍过去就算。这样，经验就很难达到深切和正确的境界，这样的人做任何事都难做好，当然不能称为有用，当然够不上叫作健全的公民。同时他的写作的泉源干涸了，勉强要去汲取，汲起来的也是一盏半盏混着泥的脏水。写作材料的来源普遍于整个生活里，整个生活时时在那里向上发展，写作材料自会滔滔汩汩地无穷尽地流注出来，而且常是澄清的，有些人不明白这个道理，以为写作只要伏在桌子上拿起笔来硬干就会得到进步，不顾到经验的积累和洗炼，他们没想到写作原是和经验纠结而不可分的。这样硬干的结果也许会偶尔写成一些海市蜃楼那样很好看的文字，但是这不过是一种毫无实用的玩意儿，在实际生活里好比赘瘤。这种技术是毫无实用的技术。希望诸位记着写作材料的来源普遍于整个的生活，写作固然要伏在桌子上，写作材料却不能够单单从伏在桌子上取得。离开了写作的桌子，上课、看书、劳作、游戏，刻刻认真，处处努力，一方面是本来应该这么做，另一方面也就开凿了写作材料的泉源。

　　现在来一个结束。写作什么呢？要写出自己的经验。经验又必须深切，必须正确，这要从整个生活里去下功夫。有了深切的正确的经验，写作就不愁没有很好的材料了。

1935 年 12 月 5 日讲

怎样写作

这一次讲的题目是《怎样写作》。怎样写作，现在有好些作文法一类的书，讲得很详细。不过写作的时候，如果要临时翻查这些书，一一按照书里说的做去，那就像一手拿着烹饪讲义一手做菜一样，未免是个笑话了。这些书大半从现成文章里归纳出一些法则来，告诉人家怎样怎样写作是合乎法则的，也附带说明怎样怎样写作是不合乎法则的。我们有了这些知识，去看一般文章就有了一支量尺，不但知道某一篇文章好，还说得出好在什么地方，不但知道某一篇文章不好，还说得出不好在什么地方。自然，这些知识也能影响到我们的写作习惯，可是这种影响只在有意无意之间。写文章，往往会在某些地方写得不合法则，有了作文法的知识，就会觉察到那些不合法则的地方。于是特地留心，要把它改变过来。这特地留心未必马上就有成效，或许在二次里头，两次是改变过来了，一次却依然犯了老毛病。必须从特地留心成为不待经意的习惯，才能每一次都合乎法则。所以作文法一类书对于增强我们看文章的眼力有些直接的帮助，对于增强我们写文章的腕力只有间接的帮助。所以光看看这一类书未必就能把文章写好，如果临到作文而去翻查这些书。那更是毫无实益的傻事。

诸位现在都写语体文。语体文的最高的境界就是文章同说话一样。写在纸上的一句句的文章，念起来就是口头的一句句的语言，教人家念了听了，不但完全明白文章的意思，还能够领会到那种声调和神气，仿佛当面听那作文的人亲口说话一般。要达到这个境界，不能专在文字方面做功夫，最要紧的还在锻炼语言习惯，因为语言好比物体的本身，文章好比给物体留下一个影像的照片，物体本身完整而有式样，拍成的照片当然完整而有式样。语言周妥而没有毛病，按照语言写下来的文章当然也周妥而没有毛病了。所以锻炼语言习惯是寻到根源去的办法。不过有一句应当声明，语言习惯是本来要锻炼的。一个人生活在大群中间，随时随地都有说话的必要，如果语言习惯上有了缺点，也就是生活技能上有了缺点，那是非常吃亏的。把语言习惯锻炼得良好，至少就有了一种极关重要的生活技能。对于作文，这又是一种最可靠的根源。我们怎能不努力锻炼呢？

现在小学里有说话的科目，又有演讲会、辩论会等的组织，中学里，演讲会和辩论会也常常举行。这些都是锻炼语言习惯的。参加这种集会，仔细听人家说的话，往往会发现以下的几种情形。说了半句话，缩住了，另外换一句来说，和刚才的半句话并没有关系，这是一种。"然而""然而"一连串，"那么""那么"一大堆，照理用一个就够了，因为要延长时间，等待着想下面的话，才说了那么许多，这是一种。应当"然而"的地方不"然而"，应当"那么"的地方不"那么"，只因为这些地方似乎需要一个词，可是想不好该用什么词，无可奈何，就随便拉一个来凑数，这是一种。有一些话听去很不顺耳，仔细辨辨，原来里头有几个词用得不妥当，不然就是多用了或者少用了几个词，这又是一种。这样说话的人，他平时的语言习惯一定不很好，而且极不留心去锻炼，所以在演讲会、辩论会里就把弱点表露出来了。若教他写文章，他自然按照自己的语言习惯写，那就一定比他的口头语言更难使人明白。因为说话有面部的表情和身体的姿势作为帮助，语言虽然差一点，还可以使人家大体明白。写成文章，面部的表情和身体的姿势是写不进去的，让人家看见的只是支离破碎前不搭后的一些文句，岂不教人糊涂？我由于职务上的关系，有机会读到许多中学生的文章，其中有非常出色的，也有不通的，所谓不通，就是除了材料不健全不妥当以外，还犯了前面说的几种毛病，语言习惯上的毛病。这些同学如果平时留心锻炼语言习惯，写起文章来就可以减少一些不通。加上经验方面的洗炼，使写作材料健全而妥当，那就完全通了。所谓"通"原来不是什么高不可攀的境界。

　　锻炼语言习惯要有恒心，随时随地当一件事做，正像矫正坐立的势姿一样，要随时随地坐得正立得正才可以养成坐得正立得正的习惯，我们要要求自己，无论何时不说一句不完整的话，说一句话一定要表达出一个意思，使人家听了都能够明白；无论何时不把一个不很了解的词硬用在语言里，也不把一个不很适当的词强凑在语言里。我们还要要求自己，无论何时不乱用一个连词，不多用或者少用一个助词。说一句话，一定要在应当"然而"的地方才"然而"，应当"那么"的地方才"那么"，需要"吗"的地方不缺少"吗"，不需要"了"的地方不无谓地"了"。这样锻炼好像很浅近、很可笑，实在是基本的，不可少的，家长对于孩子，小学教师对于小学生，就应该教他们，督促他们，作这样的锻炼。可惜有些家长和小学教师没有留意到这一层，或者留意到而没有收到相当的成效。我们要养成语言这个极关重要的生活技能，就只得自己来留意。留意了相当时间之后，就能取得锻炼的成效。不过要测验成效怎样，从极简短的像"我正在看书""他吃过饭了"这些单句上是看不出来的。我们不妨试说五分钟连续的话，看这一番话里能够不能够每句都符合自己提出的要求。如果能够了，锻炼就已经收了成效。到这地步，作起文来就不觉得费事了，口头该怎样说的笔下就怎样写，把无形的语言写下来成为有形的文章，要是会写字的人，谁又不会做呢？依据的是没有毛病的语言，文章也就不会不通了，听人家的语言，读人家的文章，对于锻炼语言习惯也有帮助。只是要特地留意，如果只大概了解了人家的意思就算数，对于锻炼我们的语言就不会有什么帮助了。必须特地留意人家怎样用词，怎样表达意思，留意考察怎样把一篇长长的语言顺次地说下去，这样，就能得到有用的资料，人家的长处我们可以汲取，人家的短处我们可以避免。

写语体文只是十几年来的事。好些文章，哪怕是有名的文章家写的，都还不纯粹是口头的语言。写语体文的技术还没有练到极纯熟的地步。不少人为了省事起见，往往凑进一些文言的调子和语汇去，成为一种不尴不尬的文体。刚才说过，语体文的最高境界就是文章同说话一样。所以这种不尴不尬的文体只能认为过渡时期的产物，不能认为十分完善的标准范本。这一点认清楚了，才可以不受现在文章的坏影响。但是这些文章也有长处，当然应该摹仿；至于不很纯粹的短处，就努力避免。如果全国中学生都向这方面用功夫，不但自己的语言习惯可以锻炼得非常好，还可以把语体文的文体加速地推进到纯粹的境界。

从前的人学作文章都注重诵读，往往说，只要把几十篇文章读得烂熟，自然而然就能够下笔成文了，这个话好像含有神秘性，说穿了道理也很平常，原来这就是锻炼语言习惯的意思。文言不同于口头语言，非但好多词不同，一部分语句组织也不同。要学不同于口头语言的文言，除了学这种特殊的语言习惯以外，没有别的方法。而诵读就是学这种特殊的语言习惯的一种锻炼。所以前人从诵读学作文章的方法是不错的。诸位若要作文言，也应该从熟读文言入手。不过我以为诸位实在没有作文言的必要。说语体浅文言深，先习语体，后习文言，正是由浅入深，这种说法也没有道理。文章的浅深该从内容和技术来决定，不在乎文体的是语体还是文言。况且我们既是现代人，要表达我们的思想情感，在口头既然用现代的语言，在笔下当然用按照口头语言写下来的语体。能写语体，已经有了最便利的工具，为什么还要去学一种不切实用的文言？若说升学考试或者其他考试，出的国文题目往往有限用文言的，不得不事前预备，这实在由于主持考试的人太不明白。希望他们通达起来，再不要作这种故意同学生为难而毫没有实际意义的事。而在这种事还没有绝迹以前，诸位为升学计，为通过其他考试计，就只得分出一部分功夫来，勉力去学作文言。

以上说了许多话，无非说明要写通顺的文章，最要紧的是锻炼语言习惯。因为文章就是语言的记录，二者本是同一的东西。可是还得进一步，还不能不知道文章和语言两样的地方。前面说过，说话有面部的表情和身体的姿势作为帮助，但是文章没有这样的帮助，这就是两样的地方。写文章得特别留意，怎样适当地写才可以不靠这种帮助而同样可以使人家明白。两样的地方还有一些。如两个人闲谈，往往天南地北，结尾和开头竟可以毫不相关。就是正式讨论一个问题，商量一件事情，有时也会在中间加入一段插话，像藤蔓一样爬开去，完全离开了本题。直到一个人醒悟了，说："我们还是谈正经话吧。"这才一刀截断，重又回到本题。作文章不能这样。文章大部分是预备给人家看的，小部分是留给自己将来查考的，每一篇都有一个中心，没有中心就没有写作的必要。所以写作只该把有关中心的话写进去，而且要配列得周妥，使中心显露出来。那些漫无限制的随意话，像藤蔓一样爬开去的枝节话，都该剔除得干干净净，不让它浪费我们的笔墨。又如用语讲述一件事情，往往噜噜苏苏，细大不捐；传述一场对话，更是照样述说，甲说什么，乙说什么，甲又说什么，乙又说什么。作文章不能这样。文章为求写作和阅读双方的省事，最要讲究经济。一篇文章，把紧要的话都漏掉，没有显露出什么中心来，这算不得经济。必须把紧要的话都写进去，此外再没有一句啰唆的话。正像善于用钱的人一样，不该省钱的地方绝不妄省一个钱，不该费钱的地方绝不妄费一个钱，这才够得上称为经济。叙述一件事情，得注意详略。对于事情的经过不作同等分量的叙述，必须教人家详细明白的部分不惜费许多笔墨，不必教人家详细明白的部分就一笔带过。如果记人家的对话，就得注意选择。对于人家的语言不作照单全收的记载，足以显示其人的思想、识见、性情等等的才入选，否则无妨丢开。又如说话往往用本土的方言以及本土语言的特殊调子。作文章不能这样。文章得让大家懂，得预备给各地的人看，应当用各地通行的语汇和语调。本土的语汇和语调必须淘汰，才可以不发生隔阂的弊病。以上说的是文章和语言两样的地方。知道了这几层，也就知道作文技术的大概。由知识渐渐成为习惯，作起文来就有记录语言的便利而没有死板地记录语言的缺点了。

现在来一个结束。怎样写作呢？最要紧的是锻炼我们的语言习惯。语言习惯好，写的文章就通顺了。其次要辨明白文章和语言两样的地方，辨得明白，能知能行，写的文章就不但通顺，而且是完整而无可指摘的了。

1935 年 12 月 7 日讲

写那些知道得最亲切的东西

《新少年》创刊以来,承蒙各地少年踊跃投稿。我们读了许多的来稿,有几句话想和读者以及投稿诸君谈谈。

我们希望你们写那些知道得最亲切的东西。一个人物,只在你们面前现了一现,你们不必写他,因为知道得不亲切。一件事情,只叫你们认识了十分之二三,你们不必写它,因为知道得不亲切。必须观察得非常周到,不但这个人物显露在外面的容貌,就是他隐藏在内面的心情也大略有数,这才把他写下来。必须认识得非常清楚,不但这件事情的经过情形,就是它的前因后果也完全明白,这才把它写下来。这样写的时候,没有勉强,不用含糊,好像泉水那样自然地活泼地流着泻着,是你们极大的愉快。

如果你们的文字预备投到杂志里去,我们还希望你们在动笔以前想一想:"我所要写的这一篇文字,值得不值得给人家看呢?"有些知道得最亲切的东西并不值得告诉人家,作为写作的练习把它写下来固然可以，作为杂志文字的材料写给人家看就没有意思。杂志文字是给广大的读者看的，必须对于读者有点儿影响。所谓影响，范围很广，但是扼要说起来，也不过给予知识，引起感情，激励意志等几项。你们的材料至少要合得上这几项里的一项，才值得写给广大的读者看。读者看你们这样的文字，好像听密友的谈话，是他们极大的愉快。

1936 年 4 月 25 日发表

日记与写作能力

在从前，文字是特殊阶级的享用品，因而写作成为了不起的事。书塾里的学生开始作文，有个特定的名称叫作"开笔"，必得预先翻看历书，选一个吉利的日子；这时候，送给先生的束脩也要加多了。到现在，文字逐渐成为大众的工具；识字教育已在各处推行，义务教育也有了十年里头分三期发展的计划，大众识了字，自然要提起笔来写作，用来代替一部分的说话。是写作这件事毫无什么了不起，写作只是另一方式的说话罢，从来没有人觉得一个人能够说话怎样了不起。

从前所谓"开笔"，就是代圣人立言，学写一套跟自己的生活完全不相干的话。所以八股好手经义名家里头竟有不会写一张字条的。现在小学中学里头作文的时候，只要教师不是顽固透顶的人物，总教学生写自己周围的事物以及自己所有的情意。这两个出发点显然不同。前者负担着道学传统的空架子，实际是玩一套文字的把戏；发展到极点，就来了截搭题，集锦体，诗钟，灯谜种种花样。后者则把写作回复到生活方面来，让它跟说话处于同等地位；这当然切实有用，绝非点缀人生的玩意儿。

　　日记的材料是个人每天的见闻、行为以及感想，包括起来说，就是整个生活。我们写日记，写作这件事就跟生活发生了最密切的联系。从这种联系逐渐发展，以致著书立说，著作等身绝不会违反现实，或者取那种不真诚不严肃的态度。我们从日记练习写作，这就跟现代语文教学同其步趋。由此锻炼得来的写作能力，必然深至着实，绝不会是摇笔展纸写几句花言巧语的勾当。

1939 年作

正确的使用句读符号

　　印书稿用句读符号,已经通行了二十年了,可是多数人还不能把句读符号好好的用。常见有些文字,一段之中尽量用"逗号",直到末了才用个"句号"。"句号"是表示一句话到此为止的:难道一段文字就只是一句话吗?"分号"的乱用尤其普遍:在提到两件或两件以上的事物的地方,便用"分号",如"橘柑;广柑;柚子;川中出产得很多";在意存两可的地方,也用"分号",如"我们三个人或者一同去,或者各自去,都可以"。这都是用错的;"分号"该用在关系极密切的两句话中间,把它们联成一个复句。"问号""叹号"也用得很随便,如"我不知道该怎么办?"和"非常高兴!"这两句实在不需要用"问号"和"叹号",只要用个"句号"就行。"该怎么办"诚然是询问口气,该用"问号",可是在前面加上"我不知道",就并非询问口气了。"非常高兴"只是寻常述说感情的话,和"很觉得悲伤","这大可忧虑"一样,并非感叹口气,并非感叹口气就不该用"叹号",把符号用错的例子还有很多,这里不再细说。

  书稿用句读符号,原为帮助文字,使文字的意义和语气确切不移。读者读了,也可以更清楚地辨明作者的意义和语气,不致发生误会。句读符号的作用如此,可知随便乱用绝不是办法。乱用的时候,反而把作者的意义和语气搅糊涂了;读者依据了符号读下去,如果信为不错,非发生误会不可。这样,还不如不用符号好些。

  消极的不用,便是放弃了一宗利器,当然不对。从积极的方面想,对于句读符号这一宗利器,必须好好的正确的用。学校国文课内,不注意学生使用符号的训练,这是一种错失。在学生方面,虽没有从国文课内受到训练,却可以自己训练。用些符号到底不是什么艰难的事。教育部颁行的《新式标点符号方案》,黎锦熙先生的《国语文法》里就转载着,书局里也有些专讲使用符号的书,只要拿来一看,那些符号的正确用法就明白了。明了之后,只要多多历练,实地应用,正确使用的习惯就养成了。

  在清朝末年,开明些的私塾先生往往教学生点读《申报》《新闻报》的论文,那时候的报纸是完全不用句读符号的。以前的书也多不用符号,点书是程度较高的学生的一项功课,或点《史记》,或点《读通鉴论》。在点读的当儿,情形和寻常看下去不同,非把文中每个词儿每一句子辨认清楚,体会明白,你就下不来点。因为要下点,迫着你不得不"精读",从这个方法,好些人"读通"了。现在的句读符号不像从前那样只有一种"点",要把每种符号都下得恰当,辨认和体会更得多下些功夫。对于一部没有符号的书,如果读者给加上各种符号,没有错误,了解的程度总在六七分以上了。前面说的要历练,就可以用这个方法:选取没有符号的书来读,审慎地加上各种符号。

另一种的历练方法就是每逢动笔作文,总得使用符号作文时候连笔写下去,难免有粗疏的毛病。检出那些疵病的处所,加以修改,原是完篇以后应做的事儿。但是,如果使用符号的话,为了要把符号安排得恰当,在逐句写去的当儿,就先已做了一番检讨的功夫。自以为说出了一个意思,可是从文字上看,却下不来个"句号",那一定是文字还没有表达得完全。自以为某一处该用反问的口气才传神,可是从文字上看,却没法安排个"问号":那一定是语气的表达还有些问题。所以,使用符号(当然指正确的用而言)有益于写作,可以使文字完密,至少不会有前言不对后语的毛病。常常看见一些作文本子,脱节和漏洞到处都是,所用的符号也马马虎虎。我想,作者如果明白了符号的正确用法,又养成了审慎使用符号的习惯,对于那些脱节和漏洞,该会自己检出,不必劳教师提起笔来修改了吧。(像这样的一句话,有些人往往在"吧"字之下用个"问号";其实这只是猜度的口气,毫无询问的意味,绝不能用"问号"。)

有些人在写完了一篇文字之后,再从头看过,加上符号;这不算好习惯,我们平时说话,在意思没有完足的时候作短短的停顿,在完足了一个意思的时候作较长的停顿,在疑问或惊叹的时候都用特种的声调说出。文字中的符号就代表那些停顿和声调,必须在写下去的当儿，遇到该用符号的处所就用上符号，才贴合语言之自然，这样习惯了，符号就成为文字的有机成分，犹如停顿和声调是语言的有机成分一样：这才收到使用符号的最大效果。

1942年2月1日发表

谈文章的修改

　　有人说，写文章只该顺其自然，不要在一字一语的小节上太多留意。只要通体看来没有错，即使带着些小毛病也没关系。如果留意了那些小节，医治了那些小毛病，那就像个规矩人似的，四平八稳，无可非议，然而也只成个规矩人，缺乏活力，少有生气。文章的活力和生气全仗信笔挥洒，没有拘忌，才能表现出来。你下笔多所拘忌，就把这些东西赶得一干二净了。

　　这个话当然有道理，可是不能一概而论。至少学习写作的人不该把这个话作为根据，因而纵容自己，下笔任它马马虎虎，写文章就是说话，也就是想心思，思想，语言，文字，三样其实是一样。若说写文章不妨马虎，那就等于说想心思不妨马虎。想心思怎么马虎得？养成了习惯，随时随地都马虎地想，非但自己吃亏，甚至影响到社会，把种种事情弄糟。向来看重"修辞立其诚"，目的不在乎写成什么好文章，却在乎绝不马虎地想。想得认真，是一层。运用相当的语言文字，把那想得认真的心思表达出来，又是一层，两层功夫合起来，就叫作"修辞立其诚"。

学习写作的人应该记住，学习写作不单是在空白的稿纸上涂上一些字句，重要的还在乎学习思想。那些把小节小毛病看得无关紧要的人，大概写文章已经有了把握，也就是说，想心思已经有了训练，偶尔疏忽一点，也不至于出什么大错，学习写作的人可不能与他们相比。正在学习思想，怎么能稍有疏忽？把那思想表达出来，正靠着一个字都不乱用，一句话都不乱说，怎么能不留意一字一语的小节？一字一语的错误就表示你的思想没有想好，或者虽然想好了，可是偷懒，没有找着那相当的语言文字：这样说来，其实也不能称为"小节"。说毛病也一样，毛病就是毛病，语言文字上的毛病就是思想上的毛病，无所谓"小毛病"。

修改文章不是什么雕虫小技，其实就是修改思想，要它想得更正确，更完美。想对了，写对了，才可以一字不易。光是个一字不易，那不值得夸耀。翻开手头一本杂志，看见这样的话："上海的住旅馆确是一件很困难的事，廉价的房间更难找到，高贵的比较容易，我们不敢问津的"。什么叫作"上海的住旅馆"？就字面看，表明住旅馆这件事属于上海。可是上海是一处地方，绝不会有住旅馆的事，住旅馆的原来是人。从此可见这个话不是想错就是写错。如是这样想："在上海，住旅馆确是一件很困难的事"，那就想对了。把想对的照样写下来："在上海，住旅馆确是一件很困难的事，"那就写对了。不要说加上个"在"

字去掉个"的"字没有多大关系，只凭一个字的增减，就把错的改成对的了。推广开来，几句几行甚至整篇的修改也无非要把错的改成对的，或者把差一些的改得更正确，更完美。这样的修改，除了不相信"修辞立其诚"的人，谁还肯放过？

思想不能空无依傍，思想依傍语言。思想是脑子里在说话——说那不出声的话，如果说出来，就是语言，如果写出来，就是文字。朦胧的思想是零零碎碎不成片段的语言，清明的思想是有条有理组织完密的语言。常有人说，心中有个很好的思想，只是说不出来，写不出来。又有人说，起初觉得那思想很好，待说了出来，写了出来，却变了样儿，完全不是那回事了。其实他们所谓很好的思想还只是朦胧的思想，就语言方面说，还只是零零碎碎不成片段的语言，怎么说得出来，写得出来？勉强说了写了，又怎么能使自己满意？那些说出来写出来有条有理组织完密的文章，原来在脑子里已经是有条有理组织完密的语言——也就是清明的思想了。说他说得好写得好，不如说他想得好尤其贴切。

因为思想依傍语言，一个人的语言习惯不能不求其好。坏的语言习惯会牵累了思想，同时牵累了说出来的语言，写出来的文字。举个最浅显的例子。有些人把"的时候"用在一切提冒的场合：如谈到物价，就说"物价的时候，目前恐怕难以平抑"，谈到马歇尔，就说"马歇尔的时候，他未必真个能成功吧"，试问这成什么思想，什么语言，什么文字？那毛病就在于沾染了坏的语言习惯，滥用了"的时候"三字。

语言习惯好，思想就有了好的依傍，好到极点，写出来的文字就可以一字不易。我们普通人难免有些坏的语言习惯，只是不自觉察，在文章中带了出来。修改的时候加一番检查，如有发现就可以改掉，这又是主张修改的一个理由。

1946 年 5 月 1 日发表

习作是怎么一回事

——《集体习作实践记》序

习作到底是怎么一回事？教学国文的双方似乎都不大问，其实是应该问的。

如果回答：课程标准规定有习作一项，所以要习作。这不能算回答，因为没有说明白习作是怎么一回事。

如果回答：一个人需要写文章，习作就是学习写文章。这是回答了，因为说明白是怎么一回事了。

可是，一个人为什么定要写文章呢？照普通见解说，写文章是文人的事儿。一个人工人、农人、商人，什么都可以做，哪有注定做文人的？既然不注定做文人，为什么定要写文章？

话似乎应该这么说：我们且把文人和文章撇开。人人做文人，决无此理。习作的目的不在学习写文章，预备做文人。——这是一层，属于消极方面的。

一个人固然什么都可以做，可是无论什么人都有意思情感，而且，无论什么人都生活在人群中间，随时有把意思情感发表出来的需要。发表可以用口，可以用笔，比较起来，用笔的效果更大。因此，人人都要学习用笔发表，人人都要习作。

用口发表，凭借的是语言。用笔发表，凭借的是文字。语言与文字其实是二而一的东西。在通行了口语文的今日尤其如此。语言说"今天早上"，文字也写"今天早上"，语言说"物价涨得太厉害了"，文字也写"物价涨得太厉害了"。只要说得不错，写出来一定不错，除了写别字以及写不出那个字以外，写的方面是没有多大问题的，功夫还得用在说的方面，写得好就因为说得好。

至于说，当然不只是运动发音机关，发出一串语音来。说什么，怎么个说法，都得凭各人的经验作底子。换一句说，都得凭各人的世界观，人生观，以及语言习惯作底子，底子不好，无论如何说不好。说好话写好文字的人，其实不是他们的话好文字好，是他们的底子好。

到这儿，习作是怎么一回事的问题可以回答了。习作是凭各人的底子努力说好话，把它写出来。就是这么一回事。——这又是一层，属于积极方面的。

凭各人的底子，努力说好话，其实就是一串思想过程。

有一派心理学者说，思想是不出声的语言。凭经验，我们可以承认这个话。我们不能空无依傍地思想，我们思想依傍语言。想这个，想那个，就是不出声的说这个，说那个。先怎么想，后怎么想，就是不出声的先怎么说，后怎么说。朦朦胧胧的思想就是七零八落的语言，如果说出来，不成其为话。清清楚楚的思想就是有条有理的语言，如果说出来，就是一番好的话。思想与语言也是二而一的。把前面说的调过来说，语言是出声的思想。

这样看来，又可以说习作就是练习思想。

总括以上的意思：因为要发表，所以要习作。习作就是联系说话，也就是练习思想，把那结果写出。

关于练习，还有些话可说。譬如学数学的人翻开一本数学教本，那上面有若干题目，布多少钱一尺，五尺该多少，一块地东西多宽，南北多长，而积该多少，他就一一计算，这叫作练习。实际上他并不买布，并不量地，只是假定有那么一回事而已。因此，似乎所谓练习是应付假设的事，不是实际生活中的事，是准备阶段的事，不是当前受用的事。其实不然，虽不买布，但买米买柴同样可以用买布的计算方法。虽不量地，但量房间量桌子同样可以用量地的计算方法。所以练习也是实际生活中的事，也是当前受用的事。

至于习作尤其如此。你必须有一些材料，一番意境，才可以习作。材料是实际生活中得来的，意境是此时此地想起的，你凭这些个来练习说话，练习思想，绝非应付假设，绝非为他日的说话思想作准备。你练习得好，就是当前说好了一番话，想好了一段思想。所以习作也是一种实际生活，不是假设的游戏。

根据以上的见解来看在春先生的《集体习作实践记》，那就是一部讨论怎样说好话的书,也就是一部讨论怎样想好思想的书。书中虽然分出"材料商讨过程"和"文字商讨过程",好像把内容和形式划为两事,其实这只是为的讨论的方便,材料既已选定,前后排比既已停当,那时候,一个词儿一种语气的运用也就安排好了。换句话说,内容既已确定,形式也同时完成了,只待写下来就是。如果有一个词儿尚待推敲,一句语气尚待揣摩,那就是话没有说好,思想没有想好,还是内容方面的事。

次说"集体习作",这个办法非常好,就是许多人共同练习说话,练习思想。一个人难免有欠周妥处,大家讨论,讨论到大家满意,那一定是最好的说法和想头了。我曾经写过些关于写作教学的文字,都说到共同讨论,正合在春先生的意思。

希望这本书能得到教师和学生的深切注意。

1946 年 5 月 30 日作

写话

"作文",现在有的语文老师改称"写话"。话怎么说,文章就怎么写。

其实,三十年前,大家放弃文言改写白话文,目标就在写话。不过当时没有经过好好讨论,大家在实践上又没有多多注意,以致三十年过去了,还没有做到真正的写话。

写话是为了求浅近,求通俗吗?

如果说写话是为了求浅近,那就必须承认咱们说的话只能表达一些浅近的意思,而高深的意思得用另外一套语言来表达,例如文言。实际上随你怎样高深的意思都可以用话说出来,只要你想得清楚,说得明白。所以写话跟意思的浅近高深没有关系,好比写文言跟意思的浅近高深没有关系一个样。

至于通俗,那是当然的效果。你写的是大家说惯听惯的话,就读者的范围说,当然比较广。

那么写话是为什么呢？

写话是要用现代的话的语言写文章，不用古代的书面的语言写文章——是要用一套更好使的，更有效的语言。用现代的话的语言，只要会写字，能说就能写。写出来又最亲切。

写话是要写成的文章句句上口，在纸面上是一篇文章，照着念出来就是一番话。上口，这是个必要的条件。上不得口，还能算话吗？通篇上口的文章不但可以念，而且可以听，听起来跟看起来念起来一样地清楚明白，不发生误会。

有人说，话是话，文章是文章，难道一点距离也没有？距离是有的。话不免啰唆，文章可要干净。话说错了只好重说，文章写错了可以修改。说话可以靠身势跟面部表情的帮助，文章可没有这种帮助。这些都是话跟文章的距离。假如有一个人，说话一向很精，又干净又不说错，也不用靠身势跟面部表情的帮助，单凭说话就能够通情达意，那么照他的话记下来就是文章，他的话跟文章没有距离。不如他的人呢，就有距离，写文章就得努力消除这种距离。可是距离消除之后，并不是写成另外一套语言，他的文章还是话，不过是比平常说的更精的话。

又有人说，什么语言都上得来口，只要你去念，辞赋体的语言像《离骚》，人工制造的语言像骈文，不是都念得来吗？这样问的人显然误会了。所谓上口，并不是说照文章逐字逐句念出来，是说念出来跟咱们平常说话没有什么差别，非常顺，叫听的人听起来没有什么障碍，好像听平常说话一样。这得就两项来检查，一项是语言的材料——语汇，一项是语言的组织形式——语法。这两项跟现代的话的语言一致，就上口，不然就不上口。我随便翻看一本小册子，看见这样的语句，是讲美国资产阶级自由主义者支配的几种刊物的："……在不重要的地方，大资产阶级让他们发点牢骚，点缀点'民主'风光，在重要的地方，则用不登广告……的办法，使他们就范。"不说旁的，单说一个"则"，就不是现代语言的语汇，是上不得口，说不来的。就在那本小册子里，又看见这样的语句，是讲美国司法界的黑暗的："有好多人，未等到释放，便冤死狱中。"不说旁的，单说按照现代语言的组织形式，"冤死"跟"狱中"中间得加个"在"，说成"冤死狱中"是文言的组织形式，不是现代语言的组织形式，是上不得口，说不来的。

或许有人想，这样说未免太机械了，语言是发展的，在现代的语言里来个"则"，来个"冤死狱中"，只要大家通用，约定俗成，正是语言的发展。我想所谓语言的发展并不是这样的意思。实际生活里有那样一种需要，可是现代的语言里没有那样一种说法，只好向古代的语言讨救兵，这就来了个"咱们得好好酝酿一下"，来了个"以某某为首"。"酝酿"本来是个古代语言里的语汇，"以……为……"本来是文言的组织形式，现在参加到现代的语言里来了，说起来也顺，听起来也清：这是一种发展情形（还有别种发展情形，这儿不多说）。"则"跟"冤死狱中"可不能够同这个相提并论。现在在文章里用"则"的人很多，但是说话谁也不说"则"，可见这个"则"上不得口，又可见非"则"不可的情形是没有的。"冤死狱中"如果可以承认它是现代的语言的组织形式，那么咱们也得承认"养病医院里""被压迫帝国主义势力之下"是现代的语言的组织形式，但是谁也知道"养病"跟"被压迫"底下非加个"在"不可，不然就不成话。

还可以从另外一方面想。既然"则"可以用，那么该说"了"的地方不是也可以写成"矣"吗？该说"所以"的地方不是也可以写成"是故"吗？诸如此类，不用现代语言的语汇也可以写话了。既然"冤死狱中"可以用，那么该说"没有知道这回事"的地方不是也可以写成"未之知"吗？该说"难道是这样吗"的地方不是也可以写成"岂其然乎"吗？诸如此类，不照现代语言的组织形式也可以写话了。如果这样漫无限制，咱们就会发现自己回到三十年以前去了，咱们写的原来是文言。所以限制是不能没有的，哪一些是现代语言的词汇跟组织形式，哪一些不是，是不能不辨的。不然，写成的文章上不得口，不像现代的语言，那是当然的事。咱们看《镜花缘》，看到淑士国里那些人物的对话觉得滑稽，忍不住要笑，就因为他们硬把上不得口的语言当话说。咱们既然要写话，不该竭力避免做淑士国的人物吗？

不愿意做淑士国的人物，最有效的办法是养成好的语言习惯。语言习惯好，写起文章来也错不到哪儿去，只要你不做作，不把写文章看成稀奇古怪的另外一套。

把写成的文章念一遍是个好办法，可以检查是不是通篇上口。不要把它当文章念，要把它当话说，看说下去有没有不上口的地方，有没有违反现代语言规律的地方，如果它不是写在纸面的文章，是你口头说的话，是不是也那样说。

还可以换个立场，站在听话的人的立场，你自己听听，那样一番话是不是句句听得清，是不是没有一点儿障碍，是不是不发生看了淑士国里那些人物的对话那样的感觉。

还有个检查的办法。你不妨想一想，你那篇文章如果不用汉字写，用拼音文字写，成不成。有人说，咱们还在用汉字，还没有用拼音文字，所以做不到真正的写话。这个话也有道理。但是，为了检查写话，就把汉字当拼音文字用，也不见得不可以。一个词语有一个或者几个音，尽可以按着音写上适当的汉字。这样把汉字当拼音文字用，你对语言的看法就完全不同了，你会发觉有些话绝对不应该那样说，有些话只能够写在纸面，不能够放到口里。经过这样检查，再加上修正，距离真正的写话就不远了。

1950 年 12 月 25 日作

拿起笔来之前

写文章这件事，可以说难，也可以说不难。并不是游移不决说两面话，实情是这样。

难不难决定在动笔以前的准备功夫怎么样。准备功夫够了，要写就写，自然合拍，无所谓难。准备功夫一点儿也没有，或者有一点儿，可是太不到家拿起笔来样样都得从头做起，那当然很难了。

现在就说说准备功夫。

在实际生活里养成精密观察跟仔细认识的习惯，是一种准备功夫。不为写文章，这样的习惯本来也得养成。如果养成了，对于写文章太有用处了。你想，咱们常常写些记叙文章，讲到某些东西，叙述某些事情，不是全都依靠观察跟认识吗？人家说咱们的记叙文章写得好，又正确又周到。推究到根底，不是因为观察跟认识好才写得好吗？

在实际生活里养成推理下判断都有条有理的习惯，又是一种准备功夫。不为写文章，这样的习惯本来也得养成。如果养成了，对于写文章太有用处了。你想,咱们常常写些论说文章,阐明某些道理,表示某些主张,不是全都依靠推理下判断吗?人家说咱们的论说文章写得好,好像一张算草,一个式子一个式子等下去,不由人不信服,推究到根底,不是因为推理下判断好才写得好吗?

推广开来说,所有社会实践全都是写文章的准备功夫。为了写文章才有种种的社会实践,那当然是不通的说法。可是,没有社会实践,有什么可以写的呢?

还有一种准备功夫必得说一说,就是养成正确的语言习惯。语言本来应该求正确,并非为了写文章才求正确,不为写文章就可以不正确。而语言跟文章的关系又是非常密切的,即使说成"二而一",大概也不算夸张。语言是有声无形的文章,文章是有形无声的语言:这样的看法不是大家可以同意吗?既然是这样,语言习惯正确了,写出来的文章必然错不到哪儿去,语言习惯不良,就凭那样的习惯来写文章,文章必然好不了。

什么叫作正确的语言习惯?可以这样说:说出来的正是想要说的,不走样,不违背语言的规律。做到这个地步,语言习惯就差不离了。所谓不走样,就是语言刚好跟心思一致。想心思本来非凭借语言不可,心思想停当了,同时语言也说妥当了,这就是一致。所谓不违背语言的规律,就是一切按照约定俗成的办。语言好比通货,通货不能各人发各人的,必须是大家公认的通货才有价值。以上这两层意思虽然分开说,实际上可是一贯的。想心思凭借的语言必然是约定俗成的语言,绝不能是"只此一家"的语言。把心思说出来,必得用约定俗成的语言才能叫人家明白。就怕在学习语言的时候不大认真，自以为这样说合上了约定俗成的说法，不知道必须说成那样才合得上；往后又不加检查，一直误下去，得不到纠正。在这种情形之下，语言不一定跟心思一致了；还不免多少违背了语言的规律，这就叫作语言习惯不良。

从上一段话里，可以知道语言的规律不是什么深奥奇妙的东西；原来就是约定俗成的那些个说法，人人熟习，天天应用。一般人并不把什么语言的规律放在心上，他们只是随时运用语言，说出去人家听得明白，依据语言写文章，拿出去人家看得明白。所谓语言的规律，他们不知不觉地熟习了。不过，不知不觉的熟习不能保证一定可靠，有时候难免出错误。必须知其然又知其所以然，把握住规律，才可以巩固那些可靠的，纠正那些错误的，永远保持正确的语言习惯。学生要学语言规律的功课，不上学的人最好也学点，就是这个道理。

现在来说说学一点语言的规律。不妨说得随便些，就说该怎样在这上头注意点儿吧。该注意点儿的有两个方面，一是语汇，二是语法。

人、手、吃、喝、轻、重、快、慢、虽然、但是、这样、那样……全都是语汇。语汇，在心里是意念的单位，在语言里是构成语句的单位。对于语汇，最要紧的自然是了解它的意义。一个语汇的意义，孤立地了解不如从运用那个语汇的许多例句中去了解来得明确。如果能取近似的语汇来作比较就更好。譬如"观察"跟"视察"，"效法"跟"效尤"，意义好像差不多；收集许多例句在手边（不一定要记录在纸上，想一想平时自己怎样说的，人家怎样说的，书上怎样写的，也是收集），分别归拢来看,那就不但了解每一个语汇的意义,连各个语汇运用的限度也清楚了。其次,应该清楚地了解两个语汇彼此能不能关联。这当然得就意义上看,由于意义的限制,某些语汇可以跟某些语汇关联,可是绝不能跟另外的某些语汇关联。譬如"苹果"可以跟"吃""采""削"关联,可是跟"喝""穿""戴"无论如何联不起来,那是小孩也知道的。但是跟"目标"联得起来的语汇是"做到"还是"达到",还是两个都成或者两个都不成,就连成人也不免踌躇。尤其在结构繁复的句子里,两个相关的语汇隔得相当远,照顾容易疏忽。那必须掌握语句的脉络,熟习语汇跟语汇意义上的搭配,才可以不出岔子。再其次,下一句话跟上一句话连接起来,当然全凭意义,有时候需用专司连接的语汇,有时候不需用。对于那些连接的语汇,得个咬实,绝不乱用。提出假设,才来"如果"。意义转折,才来个"可是"或者"然而"。准备说原因了,才来个"因为"。准备作结语了,才来个"所以"。还有,说"固然",该怎样照应,说"不但",该怎样配搭,诸如此类,都得明白。不能说那些个语汇经常用,用惯了,有什么稀罕;要知道唯有把握住规律,才能保证用一百次就一百次不错。

咱们说"吃饭""喝水",不能说"饭吃""水喝",意思是我佩服你,就得说"我佩服你"不能说"你佩服我"。意思是你相信他,就得说"你相信他",不能说"他相信你"。"吃饭""喝水"合乎咱们语言的习惯;"我佩服你""你相信他",主宾分明,合乎咱们的本意:这就叫作合乎语法。语法是语句构造的方法,那方法不是由谁规定的,也无非是个约定俗成。对于语法要注意点儿,先得养成剖析句子的习惯。说一句话,必然有个对象,或者说"我",或者说"北京",或者说"中华人民共和国",如果什么对象也没有,话也不用说了。对象以明白说出来的居多;有时因为前面已经说过,或者因为人家能够理会,就略去不说。无论说出来不说出来,要剖析,就必须认清楚说及的对象是什么。单说个对象还不成一句话,还必须对那个对象说些什么。说些什么,当然千差万别,可是归纳起来只有两类。一类是说那对象怎样,可以举"中华人民共和国成立了"作例子,"成立了"就是说"中华人民共和国"怎样。又一类是说那对象是什么,可以举"北京是中华人民共和国的首都"作例子,"是中华人民共和国的首都"就是说"北京"是什么。在这两个例子中,哪个是对象的部分,哪个是怎样或者是什么的部分容易剖析,好像值不得说似的。但是咱们说话并不老说这么简单的句子,咱们还要说些个繁复的句子。就算是简单的句子吧,有时为了需要,对象的部分,怎样或者是什么的部分,也得说上许多东西才成。如果剖析不来,自己说就说不清楚,听人家说就听不清楚。譬如"以美国为首的帝国主义者侵略朝鲜的行动正在严重地威胁着中国的安全"这句话,咱们必须能够加以剖析,知道这句话说及的对象是"行动","行动"以上全是说明"行动"的,非要不可的东西。这个"行动"怎样呢?这个"行动""威胁着中国的安全";"正在"说明"威胁"的时间,"严重地"说明"威胁"的程度,也是非要不可的。至于繁复的句子,好像一个用许多套括弧的算式。你必须明白那个算题的全部意义才写得出那样的一个算式；你必须按照那许多套括弧的关系才算得出正确的答数。由于排版不方便，这儿不举什么例句，给加上许多套括弧，写成算式的模样了；只希望读者从算式的比喻理会到剖析繁复的句子十分重要。能够剖析句子，必然连带地知道其他一些道理。譬如，说及的对象一般在句子的前头，可是不一定在前头：这就是一个道理。在"昨晚上我去看老张"这句话里，说及的对象是"我"不是"昨晚上"，在前的"昨晚上"说明"去看"的时间。繁复的句子里往往包含几个分句，除开轻重均等的以外，重点都在后头：这又是一个道理。像"读书人家的子弟熟悉笔墨，木匠的儿子会玩斧凿，兵家儿早识刀"这句话，是三项均等的，无所谓轻重。像"我们不但善于破坏一个旧世界，我们还将善于建设一个新世界。""宁可将可作小说的材料缩成速写，绝不将速写材料拉成小说。""如果我们不学习群众的语言，我们就不能领导群众。""我们有很多同志，虽然天天处在农村中，甚至自以为了解农村，但是他们并没有了解农村。""即使人家不批评我们，我们也应该自己检讨（以上六句例句是从吕叔湘、朱德熙两位先生的《语法修辞讲话》里抄来的，见六月二十日的《人民日报》。）这几句话的重点都在后头，说前头的，就为加强后头的分量。如果径把重点说出，原来在前头的就不用说了。已经说了"我们将善于建设一个新世界"，底下还用说"我们善于破坏一个旧世界"吗？要说也连不上了，知道了以上那些道理，对于说话听话，对于写文章看文章，都是很有用处的。

开头说准备功夫，说到养成正确的语言习惯就说了这么一大串。

往下文章快要结束了，回到准备功夫上去再说几句。

以上说的那些准备功夫全都是属于养成习惯的。习惯总得一点一点地养成。临时来一下，过后就扔了，那养不成习惯，而且临时来一下必然不能到家。平时心粗气浮，对于外界的事物，见如不见，闻如不闻，也就说不清所见所闻是什么。有一天忽然为了要写文章，才有意去精密观察一下，仔细认识一下，这样的观察和认识，成就必然有限，必然比不上平时能够精密观察仔细认识的人。写成一篇观察得好认识得好的文章，那根源还在于平时有好习惯，习惯好，才能够把文章的材料处理好。

平时想心思没条没理，牛头不对马嘴的，临到拿起笔来，即使十分审慎，订计划，写大纲，能保证写成论据完足推阐明确的文章吗？

平时对于语汇认不清它的确切意义，对于语法拿不稳它的正确结构，平时说话全是含糊其词，似是而非，临到拿起笔来，即使竭尽平生之力，还不是跟平时说话半斤八两吗？

所以，要文章写得像个样儿，不该在拿起笔来的时候才问该怎么样，应该在拿起笔来之前多做准备功夫。准备功夫不仅是写作方面纯技术的准备，更重要的是实际生活的准备，不从这儿出发就没有根。急躁是不成的，秘诀是没有的。实际生活充实了，种种习惯养成了，写文章就会像活水那样自然地流了。

1951 年 6 月 24 日作

写文章跟说话

　　写文章跟说话是一回事儿。用嘴说话叫作说话，用笔说话叫作写文章。嘴里说的是一串包含着种种意思的声音，笔下写的是一串包含种种意思的文字，那些文字就代表说话时候的那些声音，只要说的写的没有错儿，人家听了声音看了文字同样能够了解我的意思，效果是一样的。

　　写文章跟说话是一回事儿，要有意思才有话说。没有意思硬要说，就是瞎说。意思没有想清楚随便说，就是乱说。瞎说乱说都算不得好好的说话。用笔说话，情形也一个样，嘴里该怎么说的，笔下就该怎么写。嘴里不那么说的，笔下就不该那么写。写文章绝不是找一些稀奇古怪的话来写在纸上，只不过把要说的话用文字写出来罢了。

　　小朋友不要听见了"作文""写文章"，以为是陌生的事儿，困难的事儿。只要这么想一想：这就是用笔说话呀。谁不会说话？谁不需要说话？想过之后，自然就觉得"作文""写文章"是稀松平常的事儿了。而且，从小学一年级起，小朋友就写"爸爸做工"，"妈妈洗衣服"这类的句子，这就是用笔说话的开头。如果开了头一直不断地写，三年、四年、五年，用笔说话的习惯必然养成了。这时候，谁教不要写就觉得被剥夺了自由，能够随意地写正是极度的自由，哪有会嫌陌生怕困难的？

认定了写文章跟说话是一回事儿，就不必另花什么功夫，只要把话说好就是了。话是本该要说好的，不写文章也得说好。咱们天天说话，时时说话，说不好怎么行？说好了的时候，文章也能写好了：咱们平常说谁的文章好，谁的不好，意思也是指的说好说不好。

现在要问，怎么才算把话说好？花言巧语，言不由衷，好不好？认是为非，将虚作实，好不好？含含糊糊，不明不白，好不好？颠三倒四，啰里啰唆，好不好？

问下去可以问得很多，不要再问吧。就把上面问的几点来想一想，那样的话绝不会有人说好。在前的两点是不老实，在后的两点是不明确。说不老实的话，谁都知道无非想欺人骗人，怎么要得？说不明确的话，在自己是说了等于没有说，在人家是听了一阵莫名其妙，怎么能算说好？

咱们不妨简单的这么说：说话又老实又明确才算说好。以外当然还有可以说的，可是老实跟明确是最根本的两点。做到这两点，才可以谈旁的。这两点也做不到，旁的就不用谈了。

"作文""写文章"到底是怎么一回事儿呢？回答也简单，就是用笔说又老实又明确的话。

1951 年 11 月发表

漫谈写作

一、用笔说话

咱们跟人家交流思想，不能光靠一张嘴说话，还得用笔说话。用笔说话就是写作。

话只能说给面对面的人听，人家不在面前，你就没法跟他说话。但是用笔说话就没有这个限制。人家在几百里几千里以外，你可以给他寄信打电报。

用笔说话不但可以对同时代的人说，而且可以对后来的人说。古人的书就是古人对咱们说的话，咱们读他们的书就是听他们说话。

说话是一连串的声音。声音只能用耳朵听，而且一会儿就没有了，不留下什么痕迹。用笔说话可不然，写下来就在纸上留下痕迹，说话的本人和别人都可以用眼睛看一遍两遍，十遍二十遍，也就是重复地听它一遍两遍，十遍二十遍。

前边说的那些用笔说话的好处，谁都知道，好像不足为奇。但是请想一想，要是没有用笔说话这回事，咱们的文化生活会成什么样子？思想交流光靠面对面说话，范围就非常狭窄了。一切工作和活动必然进展得非常迟缓。两个人走开了就彼此不通声气。一代代的经验教训只能靠口耳相传。说话的人把话说过，听话的人把话听过，一丝儿踪影也不留了。

好在有文字的民族就有用笔说话这回事。有用笔说话这回事，思想交流的范围就非常广阔，文化生活就可以尽量发展。

当然，那还得看能够用笔说话的人多还是少。能够用笔说话的人多到百分之百，跟少到只有百分之几，这里头大有差别。必须人人能够用笔说话，思想交流的范围才能非常广阔。

现在咱们要建设社会主义社会，要提高大家的物质生活和文化生活。这得靠全体人民积极奋斗，努力工作，在奋斗和工作里，思想交流是一件极其重要的事情。

因此，咱们谁都要学文化，要掌握文字这个工具。这无非为的便利思想交流。

掌握了文字这个工具，就能够看书看报，不但看现在的书报，还可以看古人的书。看书看报是怎么回事？不就是听人家说话吗？掌握了文字这个工具，就能够写作，写作是怎么回事？不就是用笔说话吗？通过文字。不靠耳朵，能够听人家说话，不靠嘴，能够跟人家说话，你看这对思想交流多方便！

咱们暂且丢开看书看报不说，单说写作。在咱们的日常生活里，写作几乎像吃饭喝水一样，是不能缺少的事项，记日记、写信、提意见、打报告、订计划、做总结……哪一项不需要动笔？既然经常要动笔，就必须学习写作，养成良好的习惯，做到用笔说话跟用嘴说话同样地自由自在。

1959 年 3 月 19 日作

二、照着话写

学习写作就得拿起笔来写。但是有些人说，拿起笔来容易，要写出什么来可不容易。好像写出什么来是一件了不起的事，不是人人办得到的。

这是一道关，学习写作的人首先得打破它。打破它实在没有什么困难，因为它只是思想上一个小疙瘩。咱们只要在思想上认清写作并不是了不起的事，是人人办得到的事，小疙瘩就解除了。关就打破了。

现在就这方面说一说。

写作就是说话，不过不用嘴说，用笔说。这一点大概谁都不会否认。既然承认这一点，就得承认能用嘴说话的人就能用笔说话，就能写作，只要他认得字，写得出。认得字，写得出，这很要紧，因为字是大家公用的工具，唯有利用这个工具说出去（就是把字写出去），人家才会了解。但是，一个人只要学过文化，认过两三千字，又练过写字，点画撇捺都记清楚，这就基本上可以说"认得字，写得出"了。

嘴里说"我们一定要解放台湾"，写下来就是"我们一定要解放台湾"。嘴里说"咱们的操作过程还得改进"，写下来就是"咱们的操作过程还得改进"。不认得这些个字，写不出这些个字，当然没办法。认得又写得出，还有什么难？

也许有人要说，这两个例子只是简单的两句话，比较繁复的长的一串话恐怕不一样吧？要知道无论怎样繁复的长的一串话，全跟前边举的例子一个样，可以照样写下来。你在什么会议上发言，一谈谈了个把钟头，记录员把你的话一句句记下来，就成一大篇用笔说的话。要给朋友写封信，一定有一番话跟他说，把话写下来就是信。调查了一个车间，知道那里的一些情况，既然知道就说得出，把说得出的话写下来就是调查记录。例子不必多举，总之，问题只在有话没有话。要是没有话，你口也不必开，当然谈不到写。只要有话可说，你就一定能够写。话怎么说就怎么写。

写作绝不是丢开了平常说话，另外来一套。写作绝不是无中生有，另外找一套不相干的话来说。谁有什么话，谁就把他的话写下来，这就是写作。这多么稀松平常，人人办得到。办到的时候，那个人就有挺大的方便。本来必须面对面跟人家说的话，现在在纸上留下痕迹，纸传到哪里，话就传到哪里，纸传到多久，话就传到多久。思想交流的范围扩大了，岂不是挺大的方便？

说到这里，可见写不出什么来实在是一种不必要的顾虑。可以写的东西多得很。凡是自己心里想的，嘴里说得出的，全都是可以写的。怎么写呢？照着话写，话怎么说就怎么写。只要认定这个，再加上个不怕，要写就写，绝不贪懒，这样今天写，明天写，不要多长时候，用笔说话就跟用嘴说话一样地顺当了。到这里，学习写作的头一道关也就打破了。

当然，话怎么说话怎么写，并没有解决学习写作的全部问题。但是，这个办法回答了"写什么？""怎么写？"的问题，这个办法养成了用笔代嘴的习惯，只要你照着做，事实就会给你证明写作没有什么难。头一道关打破了，你才能够满怀信心地学下去。

头一道关打破了，往后怎么样，下一回再谈。

1959 年 3 月 12 日作

三、写加了工的话

前一回说，话怎么说就怎么写是个好办法，可以打破不敢动手写作的关。这道关既然打破了，就得进一步下功夫，要求写得好，比嘴里说的话好。

嘴里说话的时候，对面一定有人，或者一个人，或者几百人千把人（譬如作大报告的时候）。面对面说话，常常可以依靠旁的帮助。脸上做一个表情，身体做一个姿势，手一指，脚一顿，都可以使对方更明白我说的意思。这些就是帮助。用笔说话的时候，只有一个个字写在纸上，这些帮助全没有了。

还有，多数人从小不注意训练，平时不细心琢磨，说话往往有些毛病，不精确，不干净。譬如应该说"研究"的地方说了"考究"，应该说"因为"的地方说了"那么"，应该说"事情"的地方说了"事故"，就是不精确，譬如话说不下去了，"这个，这个，这个……"来了一大串，用"咱们得切切实实地努力"结束了一句话，接着又重复个"咱们得切切实实地努力"，就是不干净。还有，一层意思已经在前边说过，说到后段，那层意思又来了，也是不干净。

面对面说话，当然也要求精确和干净。说得精确，就可以使对方完全了解我的意思，不发生一点儿误会。说得干净，话就比较有力量（拖泥带水的话力量差，不能深深地打进对方的心），而且说的人和听的人都可以节省些精力和时间。但是，说得不太精确，不太干净，依靠着旁的帮助，还多少可以补救一些。唯有用笔说话，不能依靠什么帮助，没有什么补救，要是写得不好，效果比说得不好更坏。你写得不精确，准叫人发生误会，甚至完全弄不明白。你写得不干净，准叫人感觉厌烦，甚至没看完就扔了。因此，用笔说的话要比嘴里说的话好。怎样才是好，回答很简单，用精确的干净的话把意思说出来，然后写下来，就是好。

这就不光是话怎么说就怎么写了，在写下来以前，先得把话检查一番。怎么检查呢？这番话是不是恰好表明我的意思？一个个词儿用得对吗？后一句跟前一句，后一段跟前一段，接榫的地方合乎我的意思吗？说话的口气合乎我的感情吗？诸如此类的检查，目的在去掉那些不精确的部分，做到精确。按照我的意思看，这番话里有废话吗？哪怕一个词儿，一句句子，有去掉比留着更好的吗？诸如此类的检查，目的在去掉那些不干净的部分，做到干净。

检查过后，一定会发现原来的话某些地方不精确，应该改动，某些地方不干净，应该去掉。这么一改一去，给原来的话加了工，就是比较好的话了。然后照着这加了工的话，它怎么说就怎么写。

还有一种情形，有时候并不是先有一番话在那里，只等写下来就是，而是一面说话一面写，说一句写一句。在这种情形之下，咱们必须注意这是用笔说话，该比用嘴说话精确干净，所以得随说随检查。还有一个办法，就是把全部的话一口气写完，再作一番检查，该改就改，该去就去，然后算是完稿。

这么看来，写得好实在是说得好，拿着一支笔硬写是不会好的，还得从说的方面下功夫。想想自己的意思，想想人家看了我写的会怎么样，说成一番比随便说话更精确更干净的话，然后写下来，这就是学习写作的进一步的要求。

学习写作的时候这样做，当然会影响平时的说话习惯，原来不怎么精确的逐渐精确起来，原来不怎么干净的逐渐干净起来。说话习惯越来越好，写作时候需要加工的就越少。直到最后，竟可以不需要加什么了，话怎么说就怎么写。

1955 年 4 月 5 日作

四、写作要有中心

　　上一回说，写作不能照着随便说的话写，应该加一点儿工，使它又精确又干净，然后照着写。这一回再来说一个写作跟随便说话不同的地方。

　　两个朋友会了面，大家没事，坐下来闲聊天。从天气谈到春游，从春游谈到一路上看见的新建筑，从新建筑谈到建筑方面的形式主义，从形式主义谈到开会讨论问题也有形式不形式的分别……随便扯开来尽可以没完没了，直到彼此劳累了才算结束。像这样随便谈着的话是不适宜照着写下来的。要是照着写下来给人家看，人家会问："你写这些话给我看有什么意思？"

　　闲聊天本来没有什么目的，随便扯来扯去，当然没有中心。用笔说话，写给人家看，必然有个目的，因而必得有个中心。要是没有目的，那就根本用不着写了。写的人首先必须想清楚，我为什么要写？想清楚了，那个为什么就是目的，也就是中心。无论写得短，写得长，写得浅，写得深，全都一个样，全都要认清目的，抓住中心。

　　譬如写封信给朋友，托他代买一本书，托买书就是这封信的目的。

写个报告给领导同志，向他报告车间里一个月来的工作情况，报告一个月来的工作情况就是这个报告的目的。写一本书准备出版，把自己的发明创造介绍给同行同业的工作者，介绍自己的发明创造就是这本书的目的。就以上三个例子说，信的内容最平常，话也要不了多少；报告就复杂一些，也许要写八百或者千把字；书可比较不平常，要说的话也许很多，写下来就有几万字。可是这三件东西有个共同点，都有写作的目的。要写好这三件东西都必须有中心。什么叫有中心？就是所有的话集中在目的上，都跟目的有密切的关系。

就拿最简单的托买书的一封信来说吧。要买的是什么书，为什么自己不买要托朋友买，买到了怎么捎来，代付的钱怎么归还……这些话都跟托买书这件事有密切关系。把这些话写得清楚，这封信就算有中心。至于自己一向喜欢读书啦，读了书有什么好处啦，……这些话虽然也成话，可是跟托买书这件事没有密切关系。要是把这些话也写进去，这封信就算中心不明确。从这里可以知道，必须说的话一句也不少写，不用说的话一句也不多写，这才是有中心。

还有一层。话是一句一句说的，写下来也是一句一句写的，这就有个次序问题。哪一句先说，哪一句后说，必须按适当的次序，不能乱来。要是随便拿一句话开头，随便拿一句话接上去，尽管句句话都是必须说的，也还不能算有中心。仍旧拿托买书的一封信来说。要是开头就写"代付的钱多少，我立即汇去还你"，朋友看了懂吗？写来不能叫朋友看懂，这封信还能算有中心吗？从这里可以知道，应该先说的写在前，应该后说的写在后，这才是有中心。

除开闲聊天，咱们用嘴说话也得有中心。你想，当众作报告，能没有中心吗？开会讨论什么问题，轮到发言，能没有中心吗？再就是跟人家接洽什么事情，叙述情况，商量办法，能没有中心吗？咱们平时不大留心有没有中心的问题，这就在必须有中心的场合，说话也不免乱跑野马，杂乱无章，像闲聊天一样。其实只要事先想一想清楚，我这回说话为的什么目的，就可以抓住中心，有条有理地说的。我们练习写作，要努力做到两点，一点是写下来的话句句要集中在目的上，又一点是一句一句要按适当的次序写。这也可以影响平时的说话习惯，使它能够经常有中心。反过来说，说话习惯改进了，能够经常有中心了。这当然会影响到写作，写下来的东西也必然有中心。

1955 年 4 月 17 日作

五、用全国人通用的话写

咱们先来回想一下前两回说的。一回说咱们平时说话比较随便，得加点儿工，使它又精确又干净，然后话怎么说就怎么写。一回说咱们写下来的话不能像闲聊天那样没个中心，得围绕着一个中心，然后话怎么说就怎么写。那两回并没说到话是怎么样的话，是各人本乡本土的话呢还是全国人通用的话。这一回就来谈谈这个问题。

咱们生在各处地方，从小就学会本乡本土的话，山东人说山东话，陕西人说陕西话，广东人说广东话，福建人说福建话。同乡人碰见了，大家说本乡本土的话，彼此都觉得非常亲切。可是不同地方的人碰见了，要是大家说本乡本土的话，那么，山东人说的陕西人大体还能懂，广东人说的陕西人可能完全不懂。因为咱们的国土太大了，各处地方的语言很不一致，说一样东西，声音和名称往往不同，话的说法也不完全相同。

说出话来不能使对方完全懂，这多少妨碍思想的交流，要是彼此完全不懂，就根本没法交流。照本乡本土的话写东西，情形也一个样，给同乡人看是好的，给不同地方的人看就多少有些障碍，甚至写了等于白写。

现在全国的人正在共同努力，建设社会主义社会，在一切工作和斗争中，彼此的思想必须充分交流，有一点儿障碍就是损失，别说根本没法交流了。因此，说话要说全国人通用的话，写东西要照全国人通用的话写。这样，说出来的写下来的才能使极大多数人了解，一个人才能跟极大多数人交流思想。各人本乡本土的话原没有什么不好，就是使用的范围窄一些，要求使用的范围广，就得学会全国人通用的话。

学会全国人通用的话不是一件难事，而且，咱们差不多早已学会了。

小学中学的课本，工农业余学校的课本，写的是全国人人通用的话。报上和杂志上的文章，写的也是全国人通用的话。电台的广播员，话剧和电影的演员，说的是全国人通用的话。会场里做报告的和发言的，也大都说全国人通用的话。学习这种话的机会那么多，咱们不知不觉地能说这种话了，只要碰见个不同地方的人，自然而然跟他说这种话，至于拿起笔来的时候，也自然而然照这种话写，不照本乡本土的话写。以上说的不是咱们现在的实际情形吗？从这里可以看出，全国人通用的话是大家需要的，这种话使用的范围必然会越来越广。这种话使用的范围越来越广，咱们更非认真地学好它不可。

怎样才算学好？要学得非常熟，能够脱口而出，能够怎么想就怎么说，不用去想本乡本土的话怎么说，调换过来该怎么说。学到这样地步，就算学好了，这得从三个方面注意。一是词儿。某样东西叫什么，某种动作叫什么，这些都是词儿。本乡本土的话里的词儿跟全国人通用的话相同的，不用注意，要注意那些不同的。随时注意，咱们才能用熟全国人通用的话里的词儿。二是说法，也就是语法。一个意思，本乡本土的话的说法也许跟全国人通用的话不同。要注意这种不同，随时注意，咱们才能用熟全国人通用的话的说法。三是声音。话是说给人家听的，词儿和说法全跟全国人通用的话一致了，要是声音不对头，那还不是全国人通用的话，人家听起来还多少会有障碍，所以声音也得注意。注意声音最好凭耳朵和嘴。耳朵听该怎么发音才准，嘴学着发，这是直接的有效的办法。同时还可以注意，本乡本土的声音跟全国人通用的话的声音差别在哪儿，这里头是有些规则的，找出了那些规则，改口发音就更容易了。

上一节说学好全国人通用的话。学好了这种话，无论嘴里说或是拿起笔来写，影响最广，效果最大，因为它是全国人通用的。

  附带说明两点。第一点，并不是说要等学好了再说再写，应该一边学一边说和写。咱们的实际情形正是这样。为什么还要"学"？就在乎把它学"好"。第二点，谁喜欢用本乡本土的话谈话写文章，这是自由，没有人能禁止他。不过，谁都愿意他的话和文章影响广，效果大，只要听话的人看文章的人中间有不同地区的人，他就自然而然感觉非用全国人通用的话不可。

1955 年 5 月 9 日作

学点语法

咱们说话，无非是表达自己的意思。写东西也是说话，是利用文字这种工具来说话。为了把意思表达得准确、明白，咱们说话必须按照一定的规矩。说话的规矩就是语法。

说话的规矩并不是由谁制定的，是社会间约定俗成的结果。所谓"约定"，就是你也这样说，我也这样说。所谓"俗成"，就是大家这样说而不那样说，这就成了规矩。说话的规矩世代相传，随着社会的改变也有所改变，但是改变并不快，而且不会怎么大。小孩在认识事物、进行种种活动的过程中学说话，一部分的努力就是学这种规矩，学着学着，大致合乎规矩了，就算基本上会说话了。

这样看来，可以说语法人人都会。不会语法，就说不成话，勉强说些话也没人懂。咱们都能说话，说的话都能叫人懂，就是人人会语法的证据。

既然语法人人都会，为什么还要学语法呢？

咱们从小会语法，全靠习惯之自然、是不自觉的。不自觉说话是在按着规矩说，也意识不到说话原来有这样那样的规矩。正因为这样，就难保所有的话全合乎规矩。有时候不免说走了样，跟自己要表达的意思不怎么符合。有时候不免说得含含糊糊，啰啰唆唆，要别人花老大功夫去揣摩，结果揣摩得对不对还不一定。这种情形，都达不到准确地明白地表达意思的要求。学了语法，意识到说话有这样那样的规矩，把这些规矩搞得透熟，任何时候都自觉地按照这些规矩说话，这就提高了说话、写东西的能力，可以保证把自己的意思表达得准确，明白。

这儿要说明一点：语法仅仅是说话的规矩，掌握了语法，仅仅能使自己说的话把自己的意思表达出来，不走样，不叫别人误会。至于说的话正确不正确，有价值没有价值，还得看表达的意思本身正确不正确，有价值没有价值。这就牵涉到立场、观点、思想方法这些根本问题，跟各方面的斗争经验和文化科学知识也有密切的关系，总之，不在语法的范围之内。但是话要说回来，一个人有了正确的、有价值的意思，只因为没有掌握语法，不能任何时候都准确地明白地表达出来，那不仅可惜而且是损失。这种损失不仅属于个人，而且属于社会。这就可见人人有学习语法的必要了。

语法包含些什么内容呢？

话是由词组成的。要把意思表达得正确、明白，一要每一个词选择得恰当，二要一连串词安排得恰当，也就是说，用词造句都要合乎规矩。就单个的词说，各类词的构成和转化，能这样用，不能那样用，都有一定的规矩。就词的相互关系说，哪些词可以搭配，哪些词不能搭配，哪些词必须彼此照应，都有一定的规矩。在一个句子里，哪些词该在先，哪些词该在后，该怎样排列才能明确地表明它们的相互关系，也有一定的规矩。学习语法，就是学习这些用词造句的规矩。

学习语法可以看一些书。现在举出几种供选择：吕叔湘和朱德熙合著的《语法修辞讲话》，黎锦熙和刘世儒合著的《中国语法教材》，王力的《中国现代语法》，吕叔湘的《语法学习》，张志公的《汉语语法常识》。其中《语法学习》分量少，《汉语语法常识》讲得通俗浅显，可能比较适合于初学的人。

根据自己的情况选定一种语法书，当一回事好好读一读，读懂了，懂透了，对语法就能知道个轮廓。为什么说选定一种？节省时间和精力，是一。目的只在知道个轮廓，不必多读，是二。虽然这么说，多读几种当然也可以。假如多读几种，会发现这样的情形，几种语法书的体系不尽相同，讲法不尽一致，所用的名词术语也不完全一样。有些人遇到这样的情形就觉得惶惑，其实不必。探讨体系上、讲法上、所用的名词术语上的异同和优劣，那是进一步的功夫，现在只要知道个轮廓，可以不管。初学的人也没能力管；要是管，往往徒耗精力，对实际应用没多大补益。再说，就轮廓言，几种书的差别是并不大的。

读语法书要联系实际。书中有一些例子，有一些练习，都是实际。此外，咱们每天说话，经常写东西，又随时听人说话，随时读种种报刊书籍，所谓实际，真是俯拾即是。以往没学语法，对这些实际不能凭语法的观点来分析，来比较，来归纳。现在学习语法，长了一双语法的眼睛，就见处处离不了规矩，哪是合，哪是不合，为什么合，为什么不合，全都能辨别出来。切不要仅仅记忆这些规矩，要从说话和写东西的实际中理解这些规矩，消化这些规矩。这样做的时候，既不觉得枯燥，又真能致用，真能达到说话写东西合乎语法的要求。

到这儿应该补充几句，说明为什么只要知道个轮廓。一般学习语法的人不是语法专家，对语法并不作专门研究，他们只希望自觉地掌握这些规矩，提高说话和写东西的能力。读一种语法书，知道个轮廓，无非借此引上路而已。上了路，自己就能联系实际，作分析、比较、归纳的功夫，终于理解这些规矩，消化这些规矩也就是自觉地掌握这些规矩。那时候，一种语法书可能已经忘掉，语法的轮廓也可能已经忘掉，但是这些规矩融化在生活里了，一辈子受用不尽。

1958 年 4 月 20 日作

作文的练习

——跟北师大女附中语文教师讲话的提纲

作文为思考之练习，目的在养成良好之习惯，以应实际需要。

已知之事物与事理，要能完整地有条理地准确地说出来。此为经常所需，而不为长期之练习即不易做到。故各科教学，令学生用自己的语言说出所学的东西，实为善法。而说与写又同而不同。同者，同样将胸中的东西拿出来，不同者，说当场吐语，不容间断，未免粗疏，写则比较从容，可以斟酌细想，更求精密。说可有种种辅助，写则唯有白纸黑字，欠精密即难使人通晓。还有一点，写之用较说为广。因此，除口头表达而外，学生必练习作文，以期思考之完整、条理、准确。说与写相互影响，说得好固然可以写得好，写得好的习惯养成了，也可以说得更好。

说与写均是一种技能，是运用语言文字的技能，可是究到根底，却是思考的技能。思考不是凭空的，必须凭借语言才能思考。思考放在脑子里，拿不出来，必须成为定型的语言才拿得出来（就是说出来或写下来）。这种思考的技能谁都需要练好，否则交际与交流经验以及实际工作都会有所妨碍。咱们教语文，必须认清此一要点。

今日谈作文，但是要说一说作文与讲读阅读之关系。读课文当然受到种种教育，得到种种知识，同时也从课文受到思考之训练。各篇课文不同，但是有相同点，思想必然有一条路径，一步步进展；材料一定有个范围，不相干的不随便收入；如果是论文，赞成或反对，主张这样不主张那样，一定交代出个所以然。咱们教的时候如果给学生指点清楚，真能使学生领会，则学生每读一篇即加深一回印象，其思考习惯即于无形中受到影响。再就各篇课文的语言文字说，如词序、词义辨析、词的色彩、词语配搭、前言后语之承贯、这样那样的语气，假如估计为学生所未知者，或已知而未曾深切辨别者，简要地作一些指点，此宜为兼顾思考与语言实际之教导。

学生平时也常说话，而未尝深究，今习于深究，知思考之准确得当，归根结底在语言之准确得当，必然逐渐影响其思考习惯与语言习惯。故如此为教，比之脱离课本而徒讲篇章结构语法修辞者有效。讲课之际，自不必时时提到作文，而实则处处都与作文有关。故或以为读与作是两回事，显然不对。我竟欲谓教阅读如教得好，更不必有什么写作指导。

于是谈作文。先谈出题。题者何？思考之范围也。必以学生所有的东西作范围，或学生尚未全有，亦宜以其力所能搜求为范围。最不宜以尚在朦胧状态而思之亦想不清楚者为范围。前者之例，如平时惯出之题目，即使平日未甚措意，亦可临时观察认知。后者之例，如《鲁迅之革命精神》。前者虽或朦胧，思之即能清楚，所谓清楚，即可用具体的话说出来。后者限于识力，虽读过鲁翁之文几篇，然未易识其革命精神何在，即使焦心苦思，终于朦胧，所谓终于朦胧，即说不出具体的话。说不出而勉强说，必然前言不搭后语，必然随便凑些话来塞责。此亦可以成习惯，然此是不良之习惯，不知而乱说，甚且影响品德。故须力戒出此类题目。

出了题目，望学生和课文作者一样，在范围内思考，即在范围内说话。只要在范围内，取此取彼，或多或少，学生尽可自由，只要注意完整、条理、准确，以故提出统一提纲的办法不宜普遍用，只能相机而用，普遍用可能助长依赖性，阻碍学生之自由思考。

出题或预出，或临时出，各因其宜。大概估计需要搜材料加观察者，宜于预出。此亦甚须历练，因将来作文，颇有类此情形者。估计学生已相当明白者，可以临时出。临时出限定时间完篇，可以锻炼表达得迅速。至于防止代作而必临时出，此想殊非老师所宜存。

这儿要说到认真的态度，即要学生认真练习作文，当一回事。此不仅是语文课之事，是整个学校教育的事，从一些现象看，认真干一切，在学校教育中极需加强。不认真练，不当一回事，多练亦无益。唯有认真练，则多练一回得一回的好处。于语文课，我曾谓一使知其重要，二使感其趣味，教学乃易奏效。如何达此二者，希诸君善自为之。

务令学生自己检查修改已成之篇。此习惯必须养成，因为将来应用之际，总得要自己检查，自己修改。检查者何，检查思考是否准确得当。思考于何验之？验之于语言是否准确得当。修改者何？将思考之未尽善处改好，亦即将语言之未尽善处改好。在校作文有老师改，出了学校没有老师改，故必养成自己检查修改之习惯，且老师之改，目的也在于做到能自己改，最后阶段则达到可以少改甚至不需要改。

次说老师改。老师之改为何如事？即就学生所思考而思考之，察其是否完整、条理、准确。就根本说，在于察其思考，就形式说，则察其语言文字。思考完全合式，抓到了适当的语言文字，即不需改。凡需改者，必语言文字有不合处。其不合或应如此而如彼，或根本没说成明确的话，凡此皆思考未当，想法朦胧之故。老师为之改，即帮他想清楚，也就是帮他说明白，改就是这么一回事。

老师之改，似宜着眼于准确，不准确者改之使准确。次则着眼于条理，次序不当者，调整之使当，至于缺漏处，即欠完整处，似点明一下即可，让学生明白其所以然，自己去考虑如何补。（这就说一声或批一句已可。）

老师独改，不如与学生共改，为效更大。假定学生自己已认真检查过，修改过，而犹有不合处，是必出于疏忽。师生共改，老师即宜注意引起他们自觉其疏忽。彼觉其疏忽，且能自知如何改，当然让彼自改为最妙。待老师指出某处有疏忽，而彼尚不自觉，其时必甚感困惑，于此而为之改，必较发还改本去看印入更深。此法为师生共思考，共找适当的语言，效果肯定是好的。所惜不能普遍做。总望设法能适当地做。

再说老师独改。假定改得确用心，确精细，而学生看本子不能领会，即为无效。故如何使他们领会，亦大须研究，想出好办法。如何才是真领会？必明白前之想法说法何以不合，老师之想法说法何以合，才是真领会。这样领会，对于他们的思考习惯语言习惯真有推进作用。

景山之办法，令一排之学生听详讲，所讲为某一学生之作。此即合多人就一人之思考而思考之。他人虽非自己之作，而如真能用心，则于思考语言确均受训练，亦为有益。以此视之，如推广之于全班，亦复如是。若是则固不须本本均详改，略改者令其自改，改亦不必期其全改得合适，只要确有数处真说得出所以然，即是进步。唯此是否行得通，是否受舆论之同意，我不能断言。若数个学期行之而有成效，当可通行。而劳而少功之弊可免矣。

总之，一须多练，二须认真。欲其自动多练，欲其认真，必须如我所曾言，务令重之，好之。愿诸君勉之。

1962 年 5 月 7 日讲

作文要道

——跟《写作》杂志编辑人员的讲话

诸位同志是研究写作的。写作跟文学创作之间不能画等号。写作的范围很宽广，写调查报告，写工作计划，写经验总结，写信写通知等等，都包括在内，当然也包括文学创作。工作和生活中经常需要写作，所以写作是每个人非学不可的，而且是非学好不可的。文学创作就不是这样，有积蓄有兴致的人不妨去创作，没有什么积蓄和兴致的尽可以不创作，并非大家都得创作。大学毕业生不一定要能写小说诗歌，但是一定要能写工作和生活中实用的文章，而且非写得既通顺又扎实不可。

文章怎么写？鲁迅先生有一篇《作文秘诀》，把怎么写文章概括成四句话，总共十二个字，就是"有真意，去粉饰，少做作，勿卖弄。"这四句话，头一句"有真意"是最主要的。你没有什么真要说值得说的意思，又何必徒劳呢？确乎有真意，果真非写不可，还得注意后面的三句话，因为粉饰、做作、卖弄，都是表达真意的挺可厌的障碍。

没有真意就没有必要作文，这个道理很简单，譬如写信，如果没有什么事儿，没有非说不可的话，何必随便敷衍几句，浪费四分或者八分邮票呢？信总是有话要说才写的，或者告诉对方一些事儿，或者有什么问题向对方请教，跟对方商量。这些就是"真意"，写小说跟写信好像是两码事，其实一个样。假如平时没有什么积蓄，没有从个人和社会方面深入体会到某些东西，提起笔来又没有强烈的兴趣，觉得非把某些东西告诉读者不可，那也无妨放下笔来，暂且不写小说。假如硬要写，那就像没事儿写敷衍信，徒然浪费四分或者八分邮票一样，未免有点儿无聊。

有了真意，要把文章写好，当然还得讲究点儿技巧。讲究技巧，最要紧的是选择最切当的语言，正确地把真意表达出来。鲁迅先生没有从正面说，只是提醒人们要"去粉饰，少做作，勿卖弄"，因为这三种毛病是最容易犯的。有的人以为讲究技巧就是追求这些东西，凭着这些所谓技巧，即使真意差点儿，也可以写出像样的文章来。我可不敢相信技巧能补救真意的想法，何况鲁迅先生所说的粉饰、做作、卖弄，根本上不是什么技巧。

我国的骈文讲究对仗，讲究辞藻，讲究运用典故和成语，借那个来说这个，可以说集粉饰、做作、卖弄之大成。现在没有人写骈文了，可是骈文的这些毛病还有人犯，往往犯了不知道是毛病，甚至自以为得计。滥用形容语和形容句子就是一条，以为用得越多文章越漂亮。

摆起架子来写文章又是一条，以为顺着一般人的表达习惯来写就不成其为文章，必得说些离奇古怪的话才行。不管有没有需要，在文章里塞进些滥俗的成语或者典故也是一条，以为非此不足以表现自己比别人高明。列举不尽，就此为止。总之，鲁迅先生的这四句话，到现在还着实有用。咱们把这四句话记在心里，经常用来提醒自己，对写作必然大有好处。

这四句话其实是作文的要道。当时有人写信给鲁迅先生，问作文有什么秘诀，所以他用了"秘诀"这个词儿，并不是说作文有什么"秘密"或者"神秘"的意思。

1981 年 8 月 7 日讲

作文必须老实

——在"外空探索"作文比赛发奖会上讲话的摘录

作文不是生活的点缀,而是生活的必需,跟说话完全一个样。作文就是说话,是用笔来说话。大家都是这样,绝无例外。

就学生说,作文是各科学习的成绩、各项课外活动的经验,以及平时思想品德的综合表现。

说话作文必须老实,又必须说得明白,写得明白,如果说虚假的话,写违心之论,那是不道德。如果说些不明不白的话,词不达意,人家没法领会你的意思,说就等于白说,写也是白写。所谓文艺,如小说和戏剧,其中的人物大多并无其人,其中的情节大多并无其事,是由作者虚构的,这好像跟刚才说的作文必须老实相违反。我说并不违反。文艺作者从许许多多社会现象中和生活实践中得到自己的体会,他认为他的体会值得告诉别人,至少对别人有参考价值,这才构造一个故事，安排许多情节，把他的体会表达出来。这也是对自己对别人的老实，跟说谎骗人绝对不同。

1982 年 9 月 14 日讲